国家社科基金重大项目《金融排斥，金融密度差异与信息化普惠金融体系建设研究》（14ZDA044）系列研究成果

文化差异与
普惠金融发展

巩艳红◎著

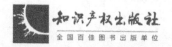

知识产权出版社

全国百佳图书出版单位

图书在版编目（CIP）数据

文化差异与普惠金融发展/巩艳红著. —北京：知识产权出版社，2018.6

ISBN 978 - 7 - 5130 - 5537 - 6

Ⅰ.①文… Ⅱ.①巩… Ⅲ.①金融事业—经济发展—研究—中国 Ⅳ.①F832

中国版本图书馆 CIP 数据核字（2018）第 082655 号

内容提要

本书以普惠金融发展为主要研究内容，详细论述了文化差异与普惠金融发展之间的关系。主体内容分为四部分，第一部分，详细介绍了本书的选题背景与研究意义；第二部分，基于供需视角，构建理论模型分析了文化因素对普惠金融发展的作用机理，并以家庭微观数据为基础对这种影响机制的存在性进行了检验；第三部分，系统论述了文化因素与普惠金融发展之间的关系；最后部分，总结全书研究得出的主要观点，并结合整个研究过程中存在的不足之处探索未来研究方向。

策划编辑：蔡　虹		责任编辑：李　瑾	
封面设计：邵建文		责任出版：孙婷婷	

文化差异与普惠金融发展

巩艳红　著

出版发行：	知识产权出版社 有限责任公司	网　　址：	http://www.ipph.cn
社　　址：	北京市海淀区气象路 50 号院	邮　　编：	100081
责编电话：	010 - 82000860 转 8392	责编邮箱：	lijin.cn@163.com
发行电话：	010 - 82000860 转 8101/8102	发行传真：	010 - 82000893/82005070/82000270
印　　刷：	北京虎彩文化传播有限公司	经　　销：	各大网上书店、新华书店及相关专业书店
开　　本：	787mm×1092mm　1/16	印　　张：	12
版　　次：	2018 年 6 月第 1 版	印　　次：	2018 年 6 月第 1 次印刷
字　　数：	180 千字	定　　价：	58.00 元
ISBN 978-7-5130-5537-6			

编委会成员

摘　要

自联合国推广"2005 国际小额信贷年"提出普惠金融的概念之后，普惠金融受到越来越多国家的重视。各国在普惠金融发展领域进行积极探索，通过政府扶持以及完善市场机制等措施，不断提升金融服务的可得性。我国先后出台多项政策鼓励支持普惠金融发展，2015 年 12 月国务院印发了《推进普惠金融发展规划（2016—2020 年）》，对普惠金融的发展做出了纲领性的规划指导。国际经验表明，普惠金融体系的构建有利于生产资源的合理配置，缩小贫富差距，从而减少贫困的发生。我国普惠金融发展的主战场与攻坚地在广大农村以及中西部边远地区。中国藏区是指中国藏族聚集区，包括西藏、青海、甘肃、四川以及云南五地区的藏区，是集边远山区、高原地区、贫困地区于一体的集中连片特殊困难民族地区。藏区金融排斥现象较为严重，金融普惠程度较低，属于中国普惠金融发展的重要攻坚区域。藏区特殊的文化氛围使得中国藏区具有与其他地区完全不同的特征。那么，在普惠金融关注度不断提高的现实背景下，文化差异与普惠金融发展之间存在怎样的联系？中国藏区这种特殊文化氛围浓厚的少数民族聚集区，文化环境对普惠金融体系的构建又意味着什么？基于对这些问题的思考，本书以研究文化差异与普惠金融发展之间的关系为主题，并以藏区为例，系统分析了藏区特有文化因素与普惠金融发展之间的关系。

本书的主体可分为四部分，包含七个章节，各章节的具体内容、创新之处与启示意义如下。

第一部分（第1章）：导论。该部分内容首先介绍了本书的选题背景与研究意义，其次从普惠金融研究、文化差异与经济金融关系研究、民族地区经济金融问题研究以及藏区经济金融研究四个领域总结梳理了现有相关文献，然后介绍了本书的研究思路与框架，最后概括总结了本研究的创新之处，本书的创新主要体现在研究内容与研究结论两方面。

第二部分（第2~3章）：基于供需视角，创新性地在传统信贷服务供需模型基础上引入社会环境因素，构建理论模型，分析了文化因素对普惠金融发展的作用机理，并以家庭微观数据为基础对这种影响机制的存在性进行了检验。

第2章：本章系统分析了文化信仰因素对普惠金融发展的影响机制。首先，从历史的角度分析了金融业产生与宗教文化之间的紧密联系，一方面最早充当货币的物体的权威性源自宗教所赋予的神秘色彩；另一方面早期的金融活动也是源自宗教组织。其次，将社会环境因素引入信贷供需模型，从而建立了文化环境因素影响普惠金融发展的理论基础。金融市场上金融服务的供给与需求决定着普惠金融的发展水平，社会环境因素、财富规模与价格水平又共同影响着金融服务的供给与需求。宗教作为一种文化因素，是社会环境的重要组成部分，会直接影响社会环境变量，同时通过影响人们在世俗世界对待财富的态度，从而间接影响社会的财富水平，最终会影响普惠金融发展。最后，通过文献梳理概括了包括整体社会经济态度、宗教有形载体与微观市场主体三个宗教文化对普惠金融发展的影响渠道。主要结论：基于金融服务供需理论，宗教文化作为社会环境的重要组成部分，通过一定渠道影响金融服务供给与需求，从而间接影响普惠金融的发展。

第3章：基于中国家庭微观调查数据，检验文化信仰因素对普惠金融发展作用机理的存在性。本章以2013年"中国家庭金融调查"数据为基础，从金融服务需求者的角度，对普惠金融发展的影响因素进行了分析，结果表明家庭收入特征、主观态度、家庭主要财务成员个人特征以及家庭住所的地区特征等因素对普惠金融的发展均具有显著影响，文化信仰因素除对储蓄包容性有显著影响之外，对贷款包容性、投资服务包容性并不具有显著直接影响。但是，文化信仰因素对家庭收入特征、主观态度有显著影响，并会通过影响这些因素间接作用于普惠金融发展，尽管影响系数比较小，却是高度显著的。这在一定程度上证明了中介影响渠道的存在性，或者可以说我们所提出的文化信仰因素对普惠金融发展的中介传导影响理论是不被拒绝的。

第三部分（第4~6章）：该部分内容系统论述了藏区文化信仰因素与普惠金融发展之间的关系。首先对藏区宗教文化信仰环境与普惠金融发展现状进行了介绍与分析，并创新性地对藏区普惠金融发展指数进行了测度；然后系统分析了文化信仰因素对藏区普惠金融发展的影响机制，并实证检验了藏区文化信仰因素对普惠金融发展的影响；最后结合文化信仰环境这一重要特征，为藏区普惠金融发展提出政策建议。

第4章：本章作为藏区背景资料，对藏区经济社会特征、文化信仰环境与普惠金融发展现状进行了系统的描述与分析，并结合国内外现有文献资料，以藏区148个县为研究对象，对藏区普惠金融指数进行了测度。资料显示，藏区恶劣的地质气候条件、较高的文盲率制约了地区经济发展。在大量财政扶持与优惠政策带动下，藏区经济发展取得了举世瞩目的成就，但是与全国其他地区相比经济发展水平仍然落后，且经济发展缺乏内生动力。藏区众多的宗教活动场所体现了其浓厚的文化信仰氛围，藏传佛教以其特有的价值理念指导与影响着藏区民众的社会经济活动。藏区金融服务供给主体单一、每个营业网点服务半径大，从而严重影响藏区金融服务的可得性；同时，较低的储蓄存款余额占GDP比例与贷款余额占GDP比例也间接反映出藏区金融服务需求的满足率较低的事实。普惠金融发展指数测度结果显示，藏区普惠金融发展水平普遍偏低，县域之间普惠金融发展水平存在明显差异。

第5章：本章主要分析藏区文化信仰因素对普惠金融发展的影响机制，并实证检验藏区文化信仰因素对普惠金融发展的影响。首先，基于现实数据与文献资料，分别从以寺庙为中心的宗教文化资源、意识形态两个角度论述了藏区文化信仰因素对普惠金融发展的影响机制。然后，将文化环境纳入因素体系，分别采用OLS回归与分位数回归方法实证检验了影响藏区普惠金融发展的因素。研究结果表明，藏区文化信仰因素对普惠金融发展的具体影响方式如下：一方面，藏传佛教所倡导的出世思想对现代经济金融业的发展存在一定的抑制，制约了有效金融服务需求的形成；个别地方存在的寺庙金融活动对正规金融服务存在一定的"挤出效应"。另一方面，围绕寺院形成的集市贸易、藏区特有的文化旅游资源对地区经济发展具有积极的带动作用；藏传佛教所具备的道德规范作用使得信众有良好的道德品质，益于金融发展诚信体系建设；与此同时，"普惠金融"理念与佛教所倡导的"普度众生"思想存在逻辑上的一致性，有利于普惠金融创新实践在藏区的宣传推广。除经济基础外，影响藏区普惠金融发展的还有两大关键因素：政府规管与文化信仰环境。政府规管对处于低分位点的县域的作用效力更强；文化信仰环境对藏区普惠金融发展既存在负向制约影响，也存在正向激励作用，而且相对于普惠金融发展水平处于高低分位点的县域，中间水平县域文化信仰环境因素对普惠金融发展水平的影响系数要更大。

第6章：本章在前两章分析结论基础上，总结了藏区普惠金融发展面临的主要困境，并以藏区特殊的文化信仰环境为前提，从促进经济发展、营造良好社会环境、完善普惠金融体系三个角度提出了相应的政策建议。藏区特有的经济地理条件与人文环境约束下，普惠金融发展面临的主要困境体现在基础设施落后、经济增长缺乏内生动力、缺乏促进普惠金融发展的有利社会环境以及金融供给主体单一、金融服务覆盖面窄四个方面。藏区普惠金融发展需要在政府主导下，充分重视文化信仰环境因素的影响，趋利避害，因势利导，以经济发展为基础，以营造良好的社会环境为保障，以完善普惠金融体系为根本。

第四部分（第7章）：总结本书研究得出的主要观点，并结合研究过程中存在的不足之处探索未来研究方向。

Abstract

Since the United Nations puts forward the concept of inclusive finance in the promotion of "2005 the international year of microcredit", inclusive finance brought to the attention of more and more countries. Every country is actively exploring the development path of inclusive finance, through government support and improve the market mechanism and other measures to improve the availability of financial services. China has introduced a number of policies to encourage and support the development of inclusive finance. In December 2015, the State Council issued "to promote inclusive financial development plan (2016—2020)" which has made planning guidance for the development of inclusive financial. International experience shows that the construction of inclusive financial system is conducive to the rational allocation of productive resources, narrow the gap between rich and poor, thereby reducing the incidence of poverty. China's major areas of inclusive finance development in rural and remote areas of the Midwest. China's Tibetan region refers to the gathering residence of Tibetan people in China, including Tibetan regions in Tibet, Qinghai, Gansu, Sichuan and Yunnan province, which is remote and poor mountaious areas. The financial exclusion phenomenon is more serious, the development of Inclusive Finance degree is low. The development of inclusive finance in China need to focus on Tibetan regions. The religious culture makes the Tibetan region has completely different characteristics with other regions of the China. Then, under the realistic background that inclusive finance is getting more and more attention, what is the relationship between religion culture and inclusive finance development? And what is the effect of religion culture for the development of inclusive finance in the Tibetan region? Based on the thinking of these issues, the goal of this paper is to study the relationship between religious culture and the development of inclusive financial. And it also has analyzed the relationship between the Tibetan religious culture factors and inclusive financial development.

The main part of this paper can be divided into four parts, includingseven chapters, the main contents of each chapter are as follows:

The first part (Chapter 1): Introduction. Firstly, this chapter introduces the background and significance of the research. Secondly from four aspects, summarizes the existing related literature. Then introduces the research ideas and framework. Finally, summarizes the innovation of this research, innovations are mainly reflected in two aspects of the content and conclusion.

The second part (Chapter 2 – 3): Based on the perspective of supply and demand, we constructe a theoretical model to analyze the influence of religious factors on inclusive finance. Then, by home-based micro data, we examine the existence of such effects. Then, we examine the existence of this effect in the case of family data.

Chapter 2: This chapter systematically analyzes the function mechanism of the influence of inclusive finance caused by religious cultural factors. Firstly, from the viewpoints of history, the close relationship of finance and religious culture was analyzed. On the one hand the authority of the earliest object as money derived from the mystery conferred by religion; the other hand, early financial activity is derived from the religious organizations. Secondly, we introduce social and environmental factors in the credit supply and demand model, and establishe the theoretical basis of the effect that religious culture influence the development of inclusive finance. On financial markets, the level of inclusive financial development depends on supply and demand for financial services. The supply and demand of financial services depends on three common factors: social environment factor, wealth and price level. The religious culture as an important part of the social environment will directly affect the social environment, but also indirectly affect the wealth scale, thus affecting the demand and supply of financial services, further affect the development of Inclusive Finance. Finally, it summarizes the three cultural channels through which that religious culture influence the development of inclusive financial, including the overall socio-economic attitudes, the visible vector of religion and micro market participants. The main conclusions: In the financial services supply and demand theory, religious culture as an important part of the social environment can affect the supply and demand of financial services through certain channels, and thus indirectly influence the development of inclusive finance.

Chapter 3: Based on the micro survey data of Chinese family, the existence of the mechanism of the influence of religious factors on the development of Inclusive Finance is tested. This chapter, on 2013 "China Household Financial Survey" data, from the perspective of demand for financial services, the influence factors to the development of Inclusive Finance were analyzed, the results show that family income characteristics, subjective attitude, personal characteristics of the main family financial member and family regional features of residence have a significant impact on the development of inclusive finance. Religious factors indirectly affect the development of inclusive finance, by affecting household wealth characteristics, subjective attitude, although the impact coefficient is relatively small but highly significant. This proves the existence of the intermediary channel, or that the theory that we put forward the influence of religious culture on inclusive financial development is not rejected.

The third part (Chapter 4 – 6): This section discusses the relationship between the system Tibetan religion culture factors and inclusive financial development. First, the current situation of the development of inclusive finance and the environment of religious culture in Tibetan region were systematically analyzed; and Tibetan inclusive financial index were measure, and empirical factors affecting the development of inclusive finance; then systematic analysis mechanism of effects of the religious factors on Tibetan development of inclusive financial, and combined with the religious cultural environment, which is the important characteristic, put forward policy suggestions for Tibetan development of Inclusive Financial.

Chapter 4: As a Tibetan background information, this chapter systematically describes and analyzes Tibetan economic and social characteristics, religious environment and status of inclusive finance development. And combined with the existing domestic and foreign literature, we measure the inclusive finance index of 148 Tibetan counties. Statistics show that Tibetan harsh natural conditions and high illiteracy rate restricts the economic development of the region. Driven by substantial financial support and preferential policy, Tibet region's economic development has made remarkable achievements, but compared with other regions of the country economic development level is still lagging behind, and lack of economic self-development capacity. A large number of sites for religious activities reflects the strong religious cultural atmosphere in the Tibetan region. Tibetan Buddhism with its unique values guide and influence the Tibetan people's social and economic activities. In Tibetan region, a small number of financial institutions provide financial services, each service outlets radius is large, thus seriously affecting the availability of financial services in Tibetan region; at the same time, the low proportion of savings deposits and loans to GDP is also indirectly reflects the fact that

The Tibetan people's demand for financial services have not been met. Inclusive Financial Development Index measurement results show that the level of Tibetan inclusive financial development is generally low, there are significant differences between the county level inclusive finance development.

Chapter 5: The main objective of this chapter is to analyze the influence mechanism of religious factors on the development of Inclusive Finance in Tibetan region, and analyze the factors influence the development of inclusive finance. First, based on real data and literature, discusse the influence of Tibetan religious factors on the development of Inclusive Financial from both the temple as the center of religious resources and ideology perspectives; then, consider the religious cultural environment factors, empirical analysis of factors affecting the development of inclusive financial Tibetan, respectively with OLS regression and quantile regression method. The empirical results show that: Specific ways that the Tibetan religious culture influence the development of inclusive financial, including: on the one hand, the tenet of Tibetan Buddhism is in pursuit of standing aloof from worldly affairs. That there is a certain inhibition of the development of modern economic and financial sector, restricting the formation of effective demand for financial services. The temple financial activities in some areas have extrusion effect on the formal financial services. On the other hand, the formation of fair trade around the monastery, the unique Tibetan religious and cultural tourism resources can promote local economic development. Tibetan Buddhism has a moral role in making the faithful have good moral character, which is conducive to the construction of social credit system in the financial development process. At the same time, there is a logic consistency between the concept of inclusive finance and the thought "treating all beings as equal" advocated by Buddhism, which is conducive to the promotion of inclusive financial innovation practice in Tibetan region. In addition to the economic base, the two key factors that influence the development of inclusive financial of Tibetan region is the government regulation and religious environment. The effect of the government regulation to the county with the low level of inclusive financial development was stronger. The religious environment already had positive influences to the inclusive financial development, also had negative. And relative to the county with a high or low level of inclusive financial development, the influence coefficient that religious culture environment affected on county with middle level of inclusive financial development was greater.

Chapter6: Based on the analysis conclusion of the previous two chapters, this chapter summarizes the main difficulties of Tibetan region in the development of Inclusive Finance. Therefore, Combined with Tibetan religious and cultural environment, we give some suggestions from three aspects: promoting economic development, creating a good social environment and improving the financial system. Under specific conditions of economic geography and human environment constraints, the main difficulties facing the development of Tibetan region's inclusive financial are reflected in the poor infrastructure, lack of endogenous economic growth momentum, the lack of promotion of inclusive financial development of favorable social environment and low coverage of financial services. Tibetan region's inclusive finance development needs the guidance of the government, paying full attention to the influence of religious cultural elements. Inclusive financial development needs to create a good social environment for security, to perfect the inclusive financial system as the basis.

The fourth part (Chapter7): The author summarizes all the work of this thesis, and gives some shortcomings in the research process and some suggestions for future research.

CONTENTS

目　录

1　导　论

1.1　选题背景与意义

1.1.1　选题背景

　　普惠金融（Inclusive Finance）最早于 2005 年联合国在宣传小额信贷年时被提出，随后十年间受到全球范围内各国学者的普遍关注。现已对普惠金融形成了基本统一的认识，普惠金融体系是指能够有效、全方位地、以可负担的成本为社会所有阶层提供金融服务的金融体系。联合国与世界银行等国际性组织积极在全球范围内推动普惠金融发展，希望通过微型金融、小额信贷等创新性金融模式提高金融服务的覆盖面，为社会所有阶层提供有效的金融服务，从而消除不平等，促进社会和谐与经济发展。包括中国在内的国际社会积极参与到普惠金融发展建设之中。在中国，党的十八届三中全会明确提出"发展普惠金融"。2015 年《政府工作报告》提出，"要大力发展普惠金融，让所有市场主体都能分享金融服务的雨露甘霖"。2015年 12 月，国务院印发《推进普惠金融发展规划（2016—2020 年)》，规划指出"大力发展普惠金融，是我国全面建成小康社会的必然要求，有利于促进金融业可持续发展，推动大众创业、万众创新，助推经济发展方式转型升级，增进社会公平与社会和谐"。2016 年 3 月 23 日，中国人民银行等七部委联合印发《关于金融助推脱贫攻坚的实施意见》力挺普惠金融。普惠金融强调金融体系发展的深度与广度、金融服务的公平性与包容性，是指在商业可持续原则基础上，以可负担的成本为所有有金融服务需求的市场主体提供有效、适当的金融服务。

我国是一个多民族国家，少数民族聚集区广泛分布在各省区，且多为经济欠发达地区，加快推进少数民族地区经济发展，是全面建设小康社会的重要组成部分。而要促进地区经济发展离不开金融体系的支持。由于一些历史以及现实因素制约，我国少数民族地区金融排斥现象较为严重，金融普惠程度低。此外，由于文化与风俗习惯不同，各民族对金融产品的接纳与使用也存在明显的差异。藏民族聚集区自然资源丰富、生态环境却十分脆弱，以藏传佛教为主的藏文化核心价值观深入人心，宗教生活的普遍性是中国藏族地区社会的一大特色。藏区的这一社会文化特点与内地其他地区存在很大的差别。普惠金融体系的构建如果完全照搬内地其他省份的经验，在金融发展过程中难免会遇到文化观念冲突，从而阻碍金融发展。

人大著名教授黄达（2001）指出"任何人文社会科学都摆脱不了本民族的文化根基。就金融学科来说，东西方的金融学科，也同样是分别根植于东西方文化平台上……"近年来他进一步主张"将东方文化精粹引入经济学研究"。那么，在现代市场经济条件下，文化差异与普惠金融发展之间存在着怎样的关系？我国少数民族地区文化环境对金融发展的作用机制是怎样的？藏民族聚集区特殊的文化信仰对经济发展意味着什么？对普惠金融发展又有什么特殊的意义？基于文化环境视角考察地区普惠金融发展是非常有必要的，研究文化差异与地区经济、金融发展之间的关系具有重要的现实意义。只有搞清楚特殊文化信仰因素在地区经济、金融业发展过程中的作用机制，才能制定出正确的文化政策与民族经济发展政策，引导特有文化向着适应社会主义市场经济的方向发展，促使文化信仰在少数民族聚集区经济发展与普惠金融体系构建中发挥正向的能动作用，使少数民族聚集区广大人民享受到金融服务的雨露甘霖。

1.1.2 研究意义

普惠金融强调为社会所有阶层提供方便快捷、价格合理的金融服务，特别关注于无法从传统金融体系获取金融服务的弱势群体，致力于将弱势群体纳入正规金融服务体系。国际经验表明，普惠金融体系的构建对于帮助低收入家庭抓住致富机会、改善生活质量，对于助力中小企业利用好投资机会、发展壮大，对于缩小贫富差距，促进地区经济发展具有重要作用。鉴于普惠金融发展对于经济发展与社会和谐的重要性，探索普惠金融发展差异背后的影响因素就具有重要的现实意义。作为文化体系的重要组成部分，文化信仰对信仰群体的思维观念、价值体系与生活方式产生影响。文化信仰会通过影响人们的经济态度、社会资本、人力资本等途径作用于社会经济发展以及金融发展。市场经济运行过程中，微观主体的文化信仰差异会影响其金融行为的决策。对于地区、国家与民族层面，文化信仰因素是金融业发展面临的软环境内容的重要组成部分。藏族人民具有虔诚的宗教信仰，而这一文化信仰特征对藏民族聚集区经济金融活动产生重要影响，在普惠金融发展过程中忽视文化因素的影响是不可取的。厘清文化因素与普惠金融发展之间的关系，有助于更全面地认识社会环境对经济金融活动的影响，有助于推动现代普惠金融体系的建设与发展。

本书运用定性分析与定量分析方法，对文化差异与普惠金融发展之间的关系进行系统研究，主要拟解决两个关键问题：其一，基于现有理论，构建文化信仰因素影响普惠金融发展的理论基础；其二，系统分析藏区文化信仰因素对普惠金融发展的影响机制，分析藏区普惠金融发展的影响因素，为藏区普惠金融发展提供政策依据。

综上所述，本书的研究具有一定理论意义与现实意义，主要体现在：

（1）将社会环境因素纳入金融服务供需模型，构建文化信仰因素影响普惠金融发展的理论模型，并对这种作用机制进行系统分析，将丰富现代金融发展理论。

现代金融发展理论的系统形成始于 20 世纪 70 年代，经历以金融深化论与金融抑制论为代表的"第一代金融发展理论"，到将金融中介与金融市场引入到传统内生增长模型的"第二代金融发展理论"，时至今日金融发展理论已经进入"第三代金融发展理论"，以探究金融发展与变迁的影响因素为主要目标，经济因素、制度因素、禀赋因素与金融发展的关系研究受到越来越多的重视与关注。20 世纪 90 年代以来，理论学术界不断从经济学、政治学、法学以及社会学等视角，运用理论与实证分析方法探索金融发展的决定因素。文化因素作为非正式制度的重要组成部分，会影响人们的金融决策与行为，系统研究文化环境因素与普惠金融发展之间的关系可以进一步丰富金融发展理论。

（2）系统研究藏民族聚集区文化信仰因素对普惠金融发展的作用机制，并结合藏区特殊的文化环境特征为普惠金融发展实践提供一定的依据。

当前已有文献论证了普惠金融发展对于缓解地区贫困的作用与影响，但是鲜有文献系统论述地区普惠金融发展的影响因素。包括西藏、青海、甘肃、四川以及云南五省区的藏族聚集区是集边远山区、高原地区、贫困地区于一体的集中连片特殊困难民族地区。普惠金融的发展对于藏民族聚集区经济社会发展具有重要的现实意义，但是藏民族聚集区特有的民族传统与宗教文化信仰，使得藏民族聚集区金融发展具有与其他地区不同的特征，普惠金融发展的影响因素也会存在差异。系统研究藏区普惠金融发展的影响因素，并重点分析藏区特有的文化环境对普惠金融发展的影响，以藏传佛教信仰为重要背景，针对性地提出藏区普惠金融体系构建的政策建议，对藏区今后普惠金融发展具有重要实践参考意义，对藏区"精准扶贫"工作的有效开展以及地区经济发展具有重要现实意义。与此同时，对其他民族聚集区普惠金融发展实践也具有一定的参考价值。

1.2　文献综述

1.2.1　普惠金融相关研究

1.2.1.1　金融发展研究

经济与金融发展问题是经济学研究领域具有重要地位且相对古老的研究问题。早在 20 世纪初，经济学家就认识到运行良好的银行可以通过识别将资金借给最具有发展潜力的企业，鼓励技术创新促进经济增长（Schumprter，1911）。Mckinnon（1973）等系统考察论证了金融发展促进经济增长的途径与机制。Guiso，Sapienza 与 Zingales（2002）等基于意大利的数据实证得出，金融发展能够提升当地居民参与创业的概率，进而提升市场的竞争程度，最终起到促进经济增长的作用。Almeida 与 Wolfenzon（2005）等运用经验数据验证表明金融发展能够改善资源配置的效率。明确金融发展对经济增长的重要性之后，自 20 世纪 90 年代末开始，理论学术界开始思考导致不同国家金融发展水平差异的内在因素。研究者分别从经济学、社会学、法学以及政治学等角度提出多种理论来解释各国金融发展水平的差异，并且基于多国的不同数据为这些理论提供现实证据。La Porta，Lopez，Shleifer 和 Vishny（1997，1998，2000）从法律角度提出，各国金融发展的差异是受到了各国法律渊源的影响。之后，La Porta 等（2000，2002）、Demirguc Kunt 和 levine（2001）、Friedman，Johnson 和 Mitton（2003）等也从不同层次为这一理论提供了现实数据支持。Coffee（2001）认为社会规范在公司行为塑造中起了更重要的作用。Stulz 与 Williamson（2001）从文化与宗教的视角考察了文化对不同国家投资者权利保护差异的影响，为文化与宗教对金融发展的影响提供了系统论证。陈雨露、马勇（2008）利用包括 63 个主要国家和地区的金融和相关数据，实证检验了社会信用文化对金融体系结构与运行效率的影响。结果表明包括社会信用文化、法律传统以及政府管理等在内的非经济因素对金融体系的结构与组织形式选择具有重要的作用，从而最终会影响金融业的运行效率。

中国各地金融发展水平呈现显著的差异，国内学者也基于不同的视角探讨形成各地金融发展水平差异的原因。江春，许立成（2009）指出，文化因素是人类作为社会成员所获取的各种能力与习性的综合体，它的内含包括知识、艺术、法律、信仰、道德、习惯等。文化因素不仅对社会运行中人类的各种经济金融行为起着一定的规范作用，而且还对经济金融业的发展有着重要影响。卢峰与姚洋（2004）运用20世纪90年代中国省级层面数据，实证分析了法治与经济增长、金融发展之间的关系，结果显示加强法治能够提升私人部门贷款在银行贷款中的占比，但对金融深化不具有显著影响。加强法治只有在其他配套制度完善的条件下才能促进经济金融业的发展。江春与许立成（2007）系统论述了制度因素在金融发展中的作用，提出只有进一步完善产权、法律以及信用等制度才能进一步推动中国金融业的发展。郑志刚、邓贺斐（2010）基于省际面板数据证明了法律对区域金融发展有重要影响，一个地区法律环境越完善，股东与债权人的权利保护就会越充分，从而该地的股票市场规模以及银行信贷规模将会越大，总体的金融发展水平也就越高，可以通过改善对投资者权利保护的法律环境来提高区域金融发展水平。此外，他们的研究中也引入了宗教文化作为区域金融发展的影响因素。曾康霖（2014）指出一个地区金融业的发展主要取决于资产的流动性和人们的金融意识两个要素。

1.2.1.2 普惠金融的研究

普惠金融属于金融发展领域的研究范畴，它更强调的是金融发展水平质的提升，通过将金融服务惠及所有阶层，让更多的人都能够分享到经济增长的成果，从而实现金融的包容性增长，促进社会公平。普惠金融强调让大部分无法或者没有能力的人群参与到金融体系中，是实现经济包容性增长的方式之一（Sarath Chandran，B. P. & Manju，T. K.，2010）。Ramakrishnan（2010）指出，普惠金融本质上是指能够为每个有金融服务需求的人提供合适的、易理解的以及实用的金融服务。Mandira Sarma（2008）提出了金融包容性指标的测算方法，他采用多个维度来对金融包容性进行测度，其中包括银行业渗透性、银行服务的可得性、金融系统的使用等。Arora（2010）通过划分银行服务范围、可得性与成本等指标，比较了发达和发展中国家金融服务包容性之间的差异。其中 Sarma 构建的指标中忽略了银行服务使用成本，Arora 构建的指标中忽略了对金融服务使用状况的衡量。此外，国际货币基金组织、世界银行以及普惠金融联盟等国际组织基于不同的研究视角积极研究设计了不同的普惠金融发展指数。现在全球范围内许多国家都已经认识到发展普惠金融的重要性，但是各国由于不同的文化历史背景，以及经济发展不同表现，造成金融排斥的原因也各不相同。部分学者从金融供给的角度，提出普惠金融发展途径，其中包括采用先进技术构建全民金融服务体系，降低金融供给成本（Ivatury & Mas，2008）；建设无网点的银行代理点等（Ivatury & Lyman，2006）。

国外学者对普惠金融的研究主要界定在小额贷款和村镇银行等对低收入群体以及农村地区的服务，国内相关研究也并没有突破性进展。研究对象主要集中于农村地区与小额信贷业务，研究内容也主要集中于普惠金融概念界定、度量方式、影响因素与解决路径。焦瑾璞（2006）率先将普惠金融体系这一概念引入国内，他认为普惠金融体系是小额信贷以及微型金融的延伸与发展，体现了金融服务的公平性。他提出普惠金融是通过商业可持续的方式为所有人提供多方位、多角度的金融服务，这里的所有人尤其强调要重点关注弱势群体以及贫困群体。国内学者对普惠金融的测度，基本上都借鉴了 Mandira Sarma（2008）的指数构建方法（徐敏，2012；王婧、胡国晖，2013；伍旭川、肖翔，2014；谢升峰、卢娟红，2014；李建军、卢盼盼，2016）。王伟等（2011）运用中国 2008 年的数据对 31 个省份的金融普惠指数进行了测度，得出有 54.8% 的省份受到了严重的金融排斥，9.7% 的省份金融排斥度低，其余省份受到了中等程度的金融排斥。

在我国，普惠金融发展的主战场与攻坚地是在广大的农村以及中西部边远地区。谢丽霜、李可（2015）通过对农村普惠金融的测度，得出民族地区农村金融普惠水平总体处于全国的低位的结论，并且从农村经济发展状况、地理与人文社会环境状况、政府金融努力度三个角度选取 11 个指标考察了影响普惠金融的因素。韩俊（2009）认为从农户与农村中小企业的金融需求来分析，我国正规性金融机构在农村金融市场中的广度与深度还远远落后，我国现存农村金融体系和普惠体系之间还存在较远的差距。杜晓山（2006）指出农村普惠金融体系的建设是我国目前以及今后一段时间农村金融改革，建立农村金融体系的主要任务与基本原则，而且他认为小额信贷是普惠金融的实践体现。茅于轼（2007）从监管、贷款质量以及文化等方面对小额信贷进行了系统研究。吴晓灵（2010）从税收政策的角度提出，应当引导县一级金融机构将可用资金中的一部分投向涉农领域。蔡彤、唐录天、郭亮（2010）从四个方面提出目前我国普惠金融发展面临的主要问题，包括制度欠缺、缺乏法律保障、信贷政策受众面不足、相关部门政策实证效率低等。

1.2.2 对文化信仰与经济、金融问题的研究

1.2.2.1 宗教社会学

为形容宗教在现代社会中的变化，西方宗教社会学提出了世俗化理论概念。世俗化之争在国外已存续了二三十年，该理论认为宗教对现实生活的影响会逐渐由无处不在退缩至相对独立的宗教领域之中，文化、经济、政治等领域的宗教色彩会逐渐消退。宗教发展的事实却表明，在世界上许多的国家和地区宗教并未表现出逐渐消亡的趋势，宗教对社会、经济以及政治依然有着重要的影响（Iannaccone，1998；Stark & Finke，2000）。国际宗教社会学（包括宗教经济学）领域随着研究者的不断加入，积累了诸多丰硕的成果。宗教所具有的风险化解机制对宗教信仰有重要的影响（Chen，2010），这种风险分担机制特性使得在发生重大的经济、政治以及其他危机时宗教组织更具有吸引力。

根据世界价值观调查（World Value Survey）结果，中国居民的宗教信仰结构正发生着巨大变化，近年来呈现出"宗教热"，有宗教信仰人口的比重正在迅速上升，而且农村地区这一现象更加明显。郑风田等（2010）从风险需求的角度，研究了农村社会保障与农村信教行为之间的关系，并提出世俗社会对农村居民所面临风险的不作为，导致了农村"宗教热"现象。何兰萍（2005）研究认为随着改革的深化，大量人口游离于正式组织之外，社会组织的缺失使得人们对社会归属与组织归属的需求无法得到满足，从而使得宗教组织迅速发展。杜景珍（2004）通过对苏北某村庄的实地调研，发现"靠主得平安"成为许多人选择信仰宗教的主要动机，农村居民选择信仰宗教主要是源自宗教的"保障功能"。阮荣平、刘力（2011）基于60村的调查数据证明了宗教社会保障功能的存在性。总之，学者们从不同角度探究了"宗教热"现象形成的原因，主要包括正式组织涣散、精神生活贫乏以及世俗社会的不作为等。

1.2.2.2　宗教信仰与经济

宗教与经济的关系是极为奇特的，几乎大部分宗教经典对财富都持贬斥态度，都崇尚清贫，但又都无法摆脱经费的困扰，所以历史上各大宗教又都从事着经济活动。宗教嵌入整个社会体系的方式最能通过其与经济和政治的关系体现出来（J. Milton Yinger，1946）。Adam Smith（1776）在《国富论》中就提出宗教是影响社会经济发展的一种重要力量。John Stuart Mill（1848）在《政治经济学原理》一书中指出，信仰、道德、习俗与心理等因素会影响人们的经济行为，从而对社会经济发展产生重要的影响。Max Weber（1905）指出基督新教所倡导的勤奋、节俭、禁欲等教义，促使人们形成勤奋、诚实、节俭与宽容对待陌生人等良好品质，从而为资本主义世界的经济发展提供了不可磨灭的动力。Iannaccone（1998）在其著作《宗教经济学导论》中提出，宗教因素影响下人们会形成特有的价值观、信仰，从而进一步影响个体在社会经济运行中的经济决策与行为。McCleary（2007）研究认为由于各大宗教对"救赎"的不同理解，从而不同宗教对慈善行为与经济行为会产生不同的激励机制，但综合来看，各宗教教义都鼓励人们要积极努力工作，进行财富积累，拒绝懒惰、贫困和负债。

宗教会通过多种渠道间接地对经济产出产生影响（Blum & Dudley，2001），具体这些渠道包括影响人力资本（Becker & Woessmann，2009）、社会资本（Arrunada，2010）以及经济态度（Schaltegger & Torgl，2009；Guiso 等，2003）等。Blum 与 Dudley（2001）量化分析了在 1500 年至 1750 年间天主教与新教的城市经济增长与宗教之间的关系，证实了韦伯新教关于实际 GDP 和人均收入之间存在正向相关关系的结论，但他认为宗教差异仅仅是导致这些殖民地经济增长差异的一个因素。Barro 与 McCleary（2003）利用国际宗教调查数据分析得出在控制宗教信仰的条件下，信徒参加宗教活动的次数和经济增长之间存在负向相关关系；而在既定礼拜次数下，宗教信仰会促进经济增长。Guiso 等（2003）实证检验了宗教因素对公司治理、妇女参加工作、经济合作等经济行为与包括节俭等品质在内的经济态度的影响，发现总体来看，宗教有利于经济增长与人均收入的提升。McCleary 与 Barro（2006）认为宗教因素如果能够通过影响人的心理与性格从而使人们更加努力地工作，那么宗教就能提高劳动效率，从而促进经济发展，通过对美国的观察，发现宗教信仰与经济增长之间确实存在一定的关系。

世俗化理论在中国处于主导地位，在中国的经济学研究领域中，宗教信仰因素的作用极易被人们所忽视。然而，随着经济社会发展，中国的宗教发展并未按世俗化理论的预期行进，而且宗教信众人数不是下降反而在上升（阮荣平等，2014）。近年来，出现了一些从宗教信仰视角探讨经济问题的研究成果。梁景文等（2010）通过对广东和浙江八座黄大仙庙研究得出，中国的寺庙在宗教经济中扮演着积极的角色。阮荣平、郑风田、刘力（2014）以宗教信仰通过影响创业进而对经济产生影响的理论为出发点，利用微观数据实证考察了宗教信仰与创业之间的关系，得出相对于无宗教信仰者而言，有宗教信仰者创业概率更大的结论。陈冬华、胡晓莉、梁上刊、新夫等（2013）检验了上市公司所在地的宗教传统对其公司治理的影响，得出宗教传统能够显著提升公司治理质量的结论。作为社会中的上层建筑，宗教的发展是建立在经济基础之上的，同时也会反作用于经济基础。宗教因素对经济发展的作用不只有消极的一面，对社会经济也有积极的影响（冉昌光，1998）。

1.2.2.3 宗教信仰与金融

宗教教义通过影响人们的价值观从而影响人们的行为，世界三大宗教由于各自教义蕴含着不同的内容，因而基督教、伊斯兰教和佛教对金融业发展的影响不尽相同。如伊斯兰教中对高利贷、利息的严厉禁止，使得现代金融业在伊斯兰信仰地区的发展极其缓慢。宗教教义与世俗金融的冲突也催生了创新性金融机构。典型案例就是伊斯兰金融，伊斯兰银行和金融业是伊斯兰原则与世俗事物相结合的产物。Stulz 与 Williamson（2003）的研究为文化和宗教对金融发展的影响提供了系统的证据。他们利用跨国经验数据研究表明，相较于法律渊源、语言以及经济的开放度等因素，宗教信仰对债权人保护的影响更大。其中，在同为信仰天主教的国家，其国家贸易程度越发达，相应对债权人会起到越强的保护作用，因而金融业发展也会表现得越快。Herger、Hodler 与 Lobsiger（2008）通过实证检验跨国数据表明，相对于国家开放程度、制度等因素，文化对资本市场的影响并不大，但宗教和种族因素会影响制度的质量从而间接对金融发展产生影响。此外，通过对宗教组织的一些非正式观察，发现宗教组织从事着一定的借贷活动。通过在印度尼西亚的观察发现，宗教领导者不仅是很多慈善活动的组织实施者、宗教学校创办者、教会基金的管理者，同时宗教领袖还会从事一些借贷行为（Hadiwinata，2003；Schiller，1996；Moran，1996；Marty 等，1992）。通过在以色列的观察发现，宗教组织具有一定互助性的社会保障功能，其中就包括提供无息贷款（Berman，1998；Landau，1993）。

宗教文化信仰会影响人们的价值观，会影响人们对社会的信任以及对待风险的态度。多数研究证明，对于宗教信徒而言，约束他们行为的不仅有法律法规等正式制度，宗教的各种规定也制约着他们的行为，有时宗教的约束力更强，宗教信徒对宗教的信仰越虔诚这种约束作用也就会越严格（Conroy & Emerson，2004）。宗教信徒对未来不确定性通常会有较强的厌恶（Homas，1941），因而他们相对更厌恶风险。Miller 与 Hoffmann（1995）实证研究结果表明宗教信仰与风险承受能力之间确实存在负向相关关系。对宗教信仰者来说，在控制个人特征的条件下，金钱对于幸福感将不具有显著影响（Lelkes，2006）。国内基于宗教视角对金融问题进行研究的文献较少，部分文献从宗教信仰对居民行为影响的视角进行分析。李涛等（2008）利用广东省的经验数据研究表明居民的宗教信仰能够提升其自身的社会信任水平。阮荣平、王兵（2011）基于中国十个城市的经验数据研究发现，宗教对信任尤其是对社会信任具有显著的正向影响。阮荣平、郑风田、刘力（2015）探讨了宗教信仰对农村社会养老保险参与行为的影响，实证检验得出有宗教信仰的农民参与农村社会养老保险的概率要低6%。潘黎、钟春平（2015）通过实证发现宗教行为与家庭金融行为存在显著的关联与影响，美国受访者信奉宗教派别的差别会通过参加教堂活动的行为表现出对借款的显著不同影响，利用中国微观数据的研究也显著支持这一结论。

1.2.3　对民族地区经济、金融发展问题相关研究

1.2.3.1　民族地区经济金融发展

国外并没有专门针对某一特定民族地区的经济金融问题的研究，现有文献能找到的相关研究主要针对的是少数群体（Minority），是指相对于普通公民享有不对等权利，甚至带有一定歧视色彩的人群。因此，主要的研究对象包括黑人、妇女、残疾人以及一些非美国本土的其他裔美国公民。大量文献已经证明，市场对于这类群体聚集地区的经济发展作用是极其微弱的。Porter（1995）的研究表明，美国多数城市的市中心，少数群体家庭占比往往较高，因此需要有更多的小企业来满足这些群体的需要。

中国民族地区经济问题研究是极具中国特色的研究课题，对民族地区经济问题的研究，往往是与金融发展问题研究相联系的。民族地区经济发

展需要建立与之相适应的金融支持体系，这一结论已经得到学界的共识。在以信用、货币为基础的市场经济条件下，金融发展通过提升资本形成能力进而促进地区经济发展的作用是显而易见的（刘梅，2003）。因此，研究民族地区经济发展不能离开对金融问题的研究。中国人民银行成都分行课题组（2006）通过研究民族地区经济和农村的金融制度绩效问题，得出我国民族地区金融支持相对缺乏且绩效不高的结论。郑长德（2007）指出少数民族地区金融运行的核心问题是金融发展浅层化，经济货币化不足、金融发展程度低的现象严重制约了民族地区经济的发展，实证研究也表明总体上民族地区金融中介没有起到支持地区经济发展的作用，金融中介发展滞后于经济发展。任志军（2007）以贷款相关率作为地区金融发展水平的指标，也得出民族地区的金融发展水平低于全国水平，且低于地区经济发展水平的结论。张毅（2010）指出，民族地区金融发展表现出明显的金融浅化特征。

中国民族众多，各少数民族呈现出小聚居、大杂居的特点，因此基于少数民族地区的个案研究和对策研究在学术界受到广泛青睐。徐珺（2003）以四川省凉山彝族自治州为例，研究了农村小额信贷，认为民族地区应当采取以农村信用社为主体，农村小额信贷为手段的方式来拉动地方经济发展。尹刚、张均、宋晓（2009）通过对凉山彝族自治州所辖的木里藏族自治县农村金融状况的实地调查得出，对于边远地区的贫困群体特别是当这些地区还具有少数民族背景时，建立普惠金融体系，对于改善地区生存状况，促进经济发展尤其必要。郑琨（2012）以阿坝藏族羌族自治州为例，对高原藏区金融助推与服务实体经济发展问题进行了思考。

1.2.3.2 民族传统与金融发展

我国民族地区大多位于西部边疆地带，由于受传统生活习惯、风俗禁忌与宗教信仰的约束，而且远离政治文化中心，当面对现代市场经济冲击时，民族传统对这些少数民族地区金融业的发展有一定的影响。龙建民（1998）研究发现我国西南地区的彝族社会中存在着典型的氏族传统和小商品意识，要求有一定血亲与姻亲关系的家庭之间要不计得失互相帮助。王路平（1992）研究发现受传统观念影响，部分彝族人获取财富主要是为了进行宗教祭祀，同时彝族社会中存在着"平均主义""重农轻商""重义轻利"等价值观。张华志（2004）通过对云南少数民族乡镇企业的调查发现，当发生借贷需求时，这些企业仍然主要通过传统的人际关系和地下钱庄获得资金，而很少会考虑向正规金融机构申请贷款来满足资金需求。受传统不重视财富风俗习惯的影响，我国西南少数民族地区居民的储蓄存款极低（张兴无，2009）。刘建康（2010）通过对四川甘孜藏族自治州的农村金融供给研究发现，由于受传统宗教文化的影响，当地佛教信徒都会向寺庙捐赠现金，通过捐赠以及寺庙自养，寺庙通常会存有一定量的闲置资金，因此，当牧民遇到资金困难时，也会习惯于向寺庙贷款，部分寺庙存在向信众发放贷款的现象。这种受传统民族文化影响形成的特殊民间金融形式，对当地正规金融业的发展存在一定的抑制作用。但是少数民族地区的民族传统对金融发展也具有一定的积极意义。黄文胜（2011）通过研究认为伊斯兰教义中的很多宗教伦理为新疆维吾尔族地区金融业的发展奠定了良好的基础，有利于新疆农村金融业的发展。如伊斯兰教义严禁收取利息、不当得利的思想不仅可以促进穆斯林群众之间、穆斯林与其他群众之间的友谊，还可以缩小贫富差距推动新疆农村经济的发展；风险共担、合作共赢思想有利于合作性金融组织的发展，丰富新疆农村的金融机构体系。

1.2.4　藏区经济金融相关研究

1.2.4.1　藏区宗教与经济研究

藏传佛教属于中国佛教的一个支系，俗称"喇嘛教"，主要传布在中国的西藏、青海、甘肃、内蒙古、云南等省区（宝贵贞，2007）。藏族是中国各少数民族中宗教信仰比较虔诚的民族之一，藏传佛教格鲁派至今仍为西藏、青海等广大藏区的藏族群众所信仰，对他们的民族性格、民族心理、价值取向等方面均有重要影响。藏传佛教教义并不反对寺院的僧尼从事商业活动，因此在藏区有不少藏传佛教寺院都有从事商业经营活动的传统

（周兴维，2008）。藏区寺庙经济往往都与寺庙旅游业、商业、加工业、藏医药以及藏香等特色产业结合在一起。伍艳、黄煦凯（2006）指出藏民习惯于将其大部分财富用于供养寺庙和参加宗教祭拜活动，对宗教活动的热衷使得藏区居民拥有的储蓄存款极少，从而使得金融业在西藏经济发展中很难起到应有的促进作用。王士勇（2012）认为藏区经济发展与内地有些差距，产生这一现象的主要原因是经济发展过程中忽视了藏区的实际情况，忽略了文化生态环境因素。

1.2.4.2 藏区金融问题相关研究

藏区经济金融问题研究是民族地区经济金融研究领域文献相对较多的，藏区金融形态通常以畜牧金融、寺庙金融的形式呈现。总结关于藏区金融服务的现有文献，研究范围有以整个自治区为例的"面"的分析，也有以五省藏区中某个自治州或县为例的"点"的分析。

藏区金融服务体系整体薄弱，服务机构单一，但是不同的地区金融服务体系也存在一定的差异。刘建康（2010）研究发现在四川甘孜州主要的金融服务机构是农村信用社，但是其他的非正规性金融供给也相对活跃，民间高利贷流行，寺庙金融服务发达。甘南藏区的金融服务机构也以农村信用社为主，存在着服务体系不健全、资金运用不充分、服务功能弱化等问题（杨利华、朱键，2010）。西藏阿里地区主要的金融服务机构是农业银行，且其金融服务覆盖不足，部分乡镇存在金融服务空白问题（蔡海斌、蔡升芝，2007）。贡秋扎西、张阿兰（2010）指出西藏金融发展显著特征体现在：金融服务结构单一，以政策性金融为主，商业性金融服务稀缺。陈志远（2009）以甘南藏区的畜牧业为基础，提出应当通过发展畜牲金融，整合信贷资源，完善惠农金融服务机构，从而推动农牧民增收。

藏区各地区金融业发展存在共性特征之外，又存在一些典型的差异。人民银行阿坝中心支行课题组（2006）研究认为阿坝、若尔盖、红原、壤塘4县牧区存在贷款人信用风险，从而致使金融机构担心贷款损失被追究责任，惜贷行为明显。人民银行山南地区中心支行课题组（2009）研究发现西藏山南地区也存在信用建设等问题。但也有学者提出不同的观点。贡秋扎西、张阿兰（2010）通过对藏区金融状况调查，认为西藏农户的还款率是极高的，很少会出现违约赖账不还的问题。中国人民银行兰州中心支行课题组（2013）提出藏区畜牧金融发展中还存在诸多矛盾，如政策软约束与可操作性之间的矛盾、抵押担保不足与贷款保险需求之间的矛盾、贷款规模限制与贷款意愿之间的矛盾等。李卿（2014），孙向前、高波（2015）分别基于四省藏区经济金融的现状，认为藏区金融发展面临的主要困境包括金融供给不足、金融生态环境欠佳、存在金融教育盲区以及缺乏有效的抵押担保机制等。

1.2.5　现有研究评述

1.2.5.1　有关金融发展研究评述

金融发展对经济增长有积极的促进作用，已经得到学界的一致认同，而且也得到了实证数据的支持。影响金融发展的因素探讨包括经济学、政治学、法学、社会学等不同领域。人们也逐渐开始意识到文化因素对经济金融发展的重要性，但也主要是抽象的论述，缺少系统的论证。作为社会文化因素的重要组成部分，宗教信仰因素对金融发展的影响也开始逐渐受到研究者的关注。

普惠金融更强调金融发展的广度与深度，更强调金融发展水平质的提升，更强调让弱势群体以便利的方式享受到金融服务。现有普惠金融相关研究主要集中于概念界定、度量方式，以及发展路径的探讨，普惠金融发展的理论机制探讨相对缺乏。国内现有文献也主要是基于我国农村地区存在较严重的金融排斥现象的事实，大多数文献着重研究农村普惠金融发展问题，现有研究较少考虑我国区域普惠金融发展差异问题，对西部民族地区的研究则更少。

1.2.5.2　有关文化信仰与经济、金融关系研究评述

宗教与经济的关系早在18世纪在亚当·斯密的著作中就得到一定程度

的论述。在马克斯·韦伯《新教伦理与资本主义精神》之后宗教与经济的关系更是受到了学术界的广泛关注。相关文献选择从不同角度运用理论与实证的方法对两者的关系进行论证。但是值得注意的是宗教与经济增长之间的关系是复杂的，而且并不是所有的宗教都会促进经济的发展。宗教会通过影响人们的价值观与经济行为，从而对金融业发展产生不同的作用。伊斯兰金融是宗教教义与世俗金融事物相结合的产物。国外现有关于宗教与金融关系的研究相对比较成熟，国内相关文献均是基于某一视角展开论述，如风险态度、社会信任、社会保障等，关于宗教与经济金融关系的系统论述相对缺少。研究表明，国内外宗教存在显著差异，国外宗教以制度化宗教为主，而中国宗教主要以弥散型宗教为主（杨庆堃，2007）。基于国外宗教经验出发而研究的理论是否能适用于中国引起了广泛的质疑，卢云峰（2008）呼吁中国宗教问题的研究应当脱离西方宗教理论。因此，有必要基于中国实际对宗教文化与金融发展的关系进行系统论述。

1.2.5.3 有关民族地区经济金融研究评述

国外并没有专门的针对民族地区经济发展问题的研究文献，因此，一定程度上可以说民族地区经济金融问题研究具有一定的中国特色。现有关于民族地区经济金融问题研究，都是基于国外的金融发展理论，以金融抑制或金融约束等理论为基础，认为民族地区经济落后的原因主要是金融不发达。研究一致认为民族地区的金融组织体系严重滞后，阻碍了地区经济的发展。但是，关于民族地区经济金融发展滞后的原因探索，没有考虑到民族差异、文化信仰差异等特殊人文因素。现有关于民族地区经济金融发展的个案研究，也都认为民族地区经济发展具有特殊性，但研究结论却具有普遍适用性，缺少对各民族地区个性特征的分析。有学者也已经注意到了民族特征对地区经济金融发展的影响，但是研究主要集中于宏观视角，很少有或者说几乎没有文献从宗教的角度探究金融发展差异背后的文化因素，关于宗教与经济金融之间的作用机制没有得到很好的研究。

1.2.5.4 藏区经济金融研究评述

现有关于藏区金融发展问题的研究文献，研究方法主要采用案例分析、问卷调查、统计分析等，研究内容主要集中于藏区金融服务体系、民间金融活动、金融生态环境、金融政策建议、金融扶贫机制等，尽管研究都基于不同的地域，但研究的问题与结论却具有普遍适用性。研究成果主要集中于一些零散的文献资料，缺乏对藏区金融发展的系统论述。而且，现有研究多是现状分析，缺乏对藏区经济金融现状形成机制的理论思考，更是缺少基于宗教文化视角进行的研究探索。本书从宗教文化信仰视角切入，研究普惠金融发展问题，研究选题具有一定的创新性。

1.3 研究主要内容、思路与框架

1.3.1 样本选取的理由

本书以研究文化信仰因素与普惠金融发展之间的关系为主题，在构建理论模型分析文化信仰因素对普惠金融发展的作用机制基础上，选择以藏民族聚集区为例，系统分析了藏区文化信仰因素对普惠金融发展的影响，并针对分析结果，结合藏区文化信仰特征，为藏民族聚集区普惠金融发展提出一些政策建议。我们选定的研究区域包含西藏自治区、青海省、甘肃省、云南省以及四川省五个省区的藏族聚集区，共有17个地区（州、市），148个县。之所以选择这一区域为研究对象，是出于以下几方面的原因：

其一，不同文化信仰对经济的认识与态度存在差异，对信徒的激励与约束也存在较大差异，因而不同文化信仰对普惠金融发展的影响效应会不同。相比较而言，同一文化信仰框架下，不同教派教义所蕴含的经济思想差异相对较小，而且在具有类似经济环境的经济体内研究文化信仰对地区经济发展的作用，可以更好地观察文化信仰因素与地区普惠金融发展之间的关系。因此，我们选取藏区这个以藏传佛教为信仰的地域为研究对象来系统分析文化信仰因素与地区普惠金融发展之间的关系。

其二，普惠金融强调以可负担的成本将金融服务扩展到社会所有阶层，将经济发展欠发达地区和社会的低收入群体纳入金融服务体系之中，提升金融服务的包容性。五省区藏族聚集区面积近230万平方千米，约占国土面积的1/4，但却是经济贫困集中区，金融服务集中连片贫困区，是普惠金融发展的重点攻坚区域。因此，基于普惠金融理念，以及藏区经济现实，我们选取五省区藏区来研究普惠金融发展问题。

其三，与其他佛教相比，藏区藏传佛教的信徒，以及以藏传佛教文化核心价值为信仰的非信徒占比非常高，藏传佛教有广大深厚的群众基础，因而藏区文化信仰的发展具有广泛的宗教学与人口学基础。对于区域社会文化特点的了解与分析是实施普惠金融的必由之路，宗教在藏区经济和社会发展中的地位是内地寺院的宗教经济所不可比拟的，因此我们选取藏区从文化信仰这一视角切入来研究文化因素对普惠金融发展的影响。

1.3.2 研究主要内容

本书从文化信仰视角，探讨文化环境因素与普惠金融之间的关系，主体部分可分为四部分，包含七个章节。各部分的主要内容安排如下：

第一部分：导论。本部分内容首先介绍本书的选题背景与研究意义，在总结国内外现有相关文献的基础上，找到研究的切入点，最后介绍具体研究思路与框架。

第二部分：基于供需视角，构建理论模型分析文化信仰因素对普惠金融发展的作用机理，并以家庭微观数据为基础对这种影响机制的存在性进行验证。本部分将分为两个章节来完成，首先，在信贷服务供需模型基础上引入社会环境因素，建立文化信仰因素影响普惠金融发展的理论机理，并以现有文献资料为基础系统分析文化信仰因素影响普惠金融发展的主要渠道。其次，以中国家庭微观调查数据为基础，检验文化信仰因素影响普惠金融发展作用机理的存在性。

第三部分：系统分析藏区文化信仰因素对普惠金融发展的影响机制，并结合宗教文化环境这一重要特征，为藏区普惠金融发展建言献策。本部分内容分为三个章节来完成。首先，对藏区经济社会特征、文化信仰环境与普惠金融发展现状进行系统的描述与分析，并构建普惠金融指数，对藏区普惠金融发展水平进行测度。其次，基于现实数据与文献资料，系统分析文化环境因素对藏区普惠金融发展的影响机制，并结合藏区经济社会特征，实证检验藏区宗教文化信仰因素对普惠金融发展的影响。最后，结合前两章分析结论，总结藏区普惠金融发展面临的主要困境，并以藏区特殊的文化信仰环境这一现实为前提，为藏区普惠金融发展针对性地提出一些政策建议。

第四部分：总结全书研究得出主要观点，并结合研究的不足之处探索未来研究方向。

研究技术路线图如图 1-1 所示。

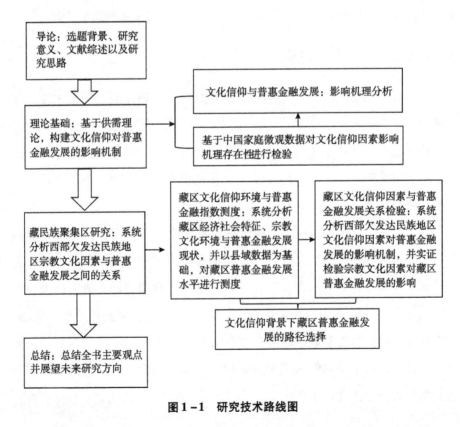

图 1-1　研究技术路线图

1.3.3 研究目标

随着近年来中国信教人口比重的上升，越来越多的学者开始基于不同的研究视角研究文化信仰因素与经济金融发展之间的关系。那么在普惠金融受到各国普遍重视的背景下，文化信仰因素与普惠金融发展之间存在怎样的关系？在中国文化信仰氛围浓厚的藏区，宗教文化因素对普惠金融发展又会起到怎样的作用？基于对这些问题的思考，本书研究目标体现在以下几点：

第一，以宗教社会学、宗教经济学、金融发展等理论为基础，构建理论模型，探讨文化信仰因素对普惠金融发展的作用机制，并对这种影响机制的存在性进行一定程度的检验。

第二，以包括西藏、青海、甘肃、四川、云南五省区的西部欠发达藏民族聚集区为例，借助统计数据实证分析文化信仰因素对藏区普惠金融发展的影响；并系统分析藏区文化信仰因素对普惠金融发展的主要影响机制。

第三，以西部欠发达民族地区普惠金融发展实际为基础，借鉴国内外普惠金融发展经验，构建西部欠发达民族地区普惠金融发展的政策框架。

1.4 本书的创新之处

本书试图从一个全新的跨学科视角探讨普惠金融发展问题，以传统的信贷供需模型为基础，通过引入社会环境因素，在文化信仰因素与普惠金融发展之间建立了一定的理论联系。同时，又以中国西部欠发达藏民族聚集区为例，系统考察了同一文化信仰框架下，藏传佛教信仰对西部欠发达藏民族聚集区各地普惠金融发展的影响方式以及具体的影响路径。本书创新之处主要体现在以下两个方面：

第一，研究内容的创新。

（1）在传统信贷供需理论基础上，引入社会环境因素，从金融服务供给与需求的角度分析普惠金融发展，并在文化信仰因素与普惠金融发展之间搭建了一定的理论桥梁。

（2）以中国家庭微观数据为基础，以家庭各类金融活动参与作为普惠金融的代理变量，分析普惠金融发展的影响因素以及文化信仰因素对家庭金融活动参与的影响。

（3）首次通过构建普惠金融指数，以县域数据为基础，对藏区普惠金融发展水平进行了测度，并以此为基础运用计量模型分析了影响藏区普惠金融发展的主要因素。

（4）系统论述了西部欠发达民族地区文化信仰因素对普惠金融发展的影响机制，并结合文化信仰特征，为西部欠发达民族地区普惠金融发展提出政策建议。

第二，研究观点的创新。

本书在总结梳理文献资料与统计分析的基础上，得出了一些创新性的观点：

（1）宗教文化信仰作为一种文化因素，是社会环境的重要组成部分，会直接影响社会环境变量，同时文化信仰会影响人们在世俗世界的经济态度与经济行为，进而对社会财富规模产生影响。因此，文化信仰因素通过对社会环境、财富规模的作用，影响金融服务的需求与供给，从而间接地影响普惠金融发展。文化信仰因素对普惠金融发展不具有决定性作用，但是文化信仰因素确实会对普惠金融发展产生间接的影响。

（2）藏区普惠金融发展水平普遍偏低，且不同县（区）间普惠金融发展水平存在较大差异。实证结果显示，除经济基础外，还存在影响藏区普惠金融发展的两大关键因素：政府规管与文化信仰环境。政府规管对藏区普惠金融发展具有显著的正向影响，且对于发展水平越低的县域，政府的作用效应会越大。宗教文化信仰环境因素对普惠金融发展既存在正向作用，也存在负向影响。

（3）文化信仰作为一种社会文化因素对普惠金融发展的作用机制是复

杂的。总体来看，文化信仰因素对西部欠发达藏民族聚集区普惠金融发展既存在正向激励作用也存在负向的抑制效应。一方面藏传佛教所倡导的出世理念对现代经济金融业的发展存在一定的抑制作用，制约了有效金融服务需求的形成；个别地方存在的寺庙金融活动对正规金融服务存在一定的"挤出效应"。另一方面，围绕寺院形成的集市贸易、藏区特有的宗教文化旅游资源对地区经济发展具有积极的带动作用；藏传佛教所具备的道德规范作用使得信众有良好的道德品质，益于金融发展诚信体系建设；与此同时，"普惠金融"理念与佛教所倡导的"普度众生"思想存在逻辑上的一致性，有利于普惠金融创新实践在西部欠发达藏民族聚集区的宣传推广。

（4）藏区普惠金融的发展，需要充分重视西部欠发达藏民族聚集区特有的宗教文化环境，重视文化信仰因素对普惠金融发展的影响，要趋利避害，因势利导，西部欠发达藏民族聚集区普惠金融发展需要以经济建设为中心，以营造良好的社会环境为保障，以完善金融体系为根本。

2 文化信仰与普惠金融发展：
影响机理分析

最早的市场是宗教的市场，最早的银行是寺庙，最早发行货币的是祭祀和祭祀王（Priest-king）。——诺尔曼·布朗

宗教是围绕超自然、超人间力量而形成的信仰意识、崇拜行为与文化体系，主要着眼于人的精神归宿；金融是对现有资源的重新整合，服务于现代经济发展，主要着眼于人的物质福祉。宗教文化信仰与金融的关系并不像宗教与政治、宗教与科学、宗教与民族等问题的研究那么引人注目，而且研究宗教与金融的关系脱离不了对宗教与经济关系的论述，可以说宗教与金融发展的关系是宗教经济学领域的重要组成部分。宗教与金融的关系是现代市场经济条件下人类社会关系的一个重要方面，而且它们之间是一个复杂的动态影响过程。宗教文化信仰作为上层建筑通过影响人们的经济态度与金融意识，从而对金融业的发展起到激励或制约的作用。通常来说，某种宗教文化对经济金融发展所起到的作用是很难给出确定性结论的，本章力图对文化信仰影响普惠金融发展的机理做出一定的梳理。

2.1　金融业的起源与文化信仰密切联系

2.1.1　宗教文化与货币

宗教与金融发展从来都不是孤立的，它们之间自古存在着联系。原始宗教的崇拜、祭祀是货币产生的主要渊源之一。按照货币经济学理论，货币是人类为了解决以物易物的困难而发明的一个交易工具，亚当·斯密明确表明"货币是流通的大轮毂，是商业上的大工具"❶。货币作为交换媒介以及社会财富的代表，需要具备能被社会认可的权威性，而这种权威性通常认为是由某种世俗机构，比如说政府所赋予的。由于贵金属具有易分割、便于携带等自然属性，早期的货币主要以贵金属（特别是黄金）为主。这种货币产生的经济学研究范式，忽视了货币产生的宗教性，忽略了宗教文化在货币产生中的重要作用，忽略了宗教文化是货币产生的重要源泉之一。

人类学家研究表明，货币并不产生于商品，同样也不一定产生于金。货币作为一种超现实的存在，是一种象征系统，这种超现实的物体究竟是金、铜还是贝壳，则取决于不同文化的选择。古代经济中被选择出来充当货币的物品有贝壳、狗牙、石头等。人类学家赫斯维茨曾说："被无文化民族用作货币的物品很少具有使用价值，大多主要是给展示它们的人带来声望。"这种无用物质被赋予的价值以及给拥有者带来的声望，来自神圣领域，具有神秘性与宗教性。劳姆曾指出在《荷马史诗》中牲畜作为货币媒介，主要就源自牲畜在祭祀活动中的神圣意义。贝壳充当货币的重要原因在于其象征着死亡与复活。在"原始货币"的物体中黄金的神圣性更加明显，而且随着作为交换媒介，黄金易储藏、便携带、易分割等属性被慢慢

---

❶　亚当·斯密著，郭大力译，1983：《国民财富的性质和原因的研究》上卷，商务印书馆，第267页。

发现，货币才固定为金银等贵金属。

金作为货币的权威性很大程度上也来自宗教的力量。凯恩斯在其著作《货币论》中承认，现代经济附加在金银之上的想象的价值是从宗教领域中衍化而来的。法国经济社会学家希缅德在考察了地中海文化中备受珍宠的物品黄金之后认为，货币起源于贵重的、带有一定宗教色彩的或魔术般神秘的、能发出威力并能生出财富的物品，这是由于在地中海文化中，黄金作为一种装饰品、一种"超现实之物"❶。在古代印度的《梵书》中，黄金据说是能够使人返老还童的、使人多子多孙的不朽的东西；黄金也被说成是阿耆尼神的精液，甚至是作为诸神本身的化身。对古印度人而言，黄金代表太阳神或者说代表太阳神的精液，黄金是生命与生育的源泉。❷古埃及生命的源泉被归于伟大的母亲神牛哈索尔，她又被等同于黄金，古埃及表示黄金的词"努比"就与哈索尔有密切的联系。埃及黄金般的哈索尔是希腊文明中黄金般的阿佛罗狄忒的原型，荷马所说的塞浦路斯女神是埃及黄金之母哈索尔的女儿。因此，宗教文化赋予了黄金的神奇力量使其得到了极大的尊重与声誉，在作为货币之前黄金的权威性在宗教文化中已经存在，而这种权威性成为其能执行货币职能的重要属性。

2.1.2　金融活动源自宗教界

中国的典当业始于佛教寺院，南北朝时期的南朝寺院中的"寺库"被认为是中国典当业的源头，资财富有的寺院从事借贷活动，这样一方面既可以慈善救济，解困于一时，同时还可以生息积财，供养三宝。❸在佛教商业金融活动中，能突出表现其宗教逻辑的是关于"利息"的概念，利息不仅被许可，而且代表着布施与功德的相续无尽，而且其生生不息具有宗教意义。Collins（1986）认为僧侣们作为管理寺院公共财产的企业家，开辟了

---

❶ 栗本慎一郎著，王名等译，1997：《经济人类学》，商务印书馆，第 114 页。
❷ 孙健灵，2010：《宗教文化与经济发展》，云南大学出版社，第 38 页。
❸ 何蓉，2007：《佛教寺院经济及其影响初探》，《社会学研究》，第 4 期 75 - 92 页。

土地交易市场，而且是最早的金融交易市场。中古时期在农业传统的中国，佛教的寺院经济属于获政府特许的经济经营，在政教关系良好时期，寺院经济拥有大量的金银动产，从而居于金融流通的中心地位（何蓉，2007）。西方国家的典当业也是兴起于宗教界，公元前 7 世纪巴比伦寺院开始经营典当业；纪元前 675 年，意大利寺院金库在埃西利亚经营存款与贷款；1198年意大利的僧侣创办了平民金融机关从事典当行业（赵云旗，2008）。

典当业兴起于宗教界，这与旧时寺院/教堂雄厚的经济实力与社会地位有很大的关系，同时，寺院中的借贷、利息等不仅具有一定经济意义，并且具有一定的伦理意义，也会产生一定的社会影响。南朝时期佛教发达，杜牧在《江南春》中描写道"南朝四百八十寺，多少楼台烟雨中"，足见佛寺的兴盛。僧团在权贵与大户的支持下，占有大量田产，而且还拥有数额巨大的金银与货币，并从事放贷、典当等活动。寺院雄厚的经济实力为僧侣从事放贷业务提供了经济基础，同时百姓由于战争生活贫穷，当钱度日成为生活的需要，为典当业的发展提供了需求基础。从隋唐五代起，允许民间商人、商门富户等建立的民当以及官府设立的官当从事典当行业，典当业开始不只局限于寺院。隋唐时期，创立三阶教的信行法师创立了称为"无尽藏院"的金融机构，从事将信徒奉献财物贷与其他人用于救急救难的业务。

2.2 文化差异影响普惠金融发展的理论框架

2.2.1 普惠金融的概念与内涵

2.2.1.1 普惠金融概念界定

联合国在 2005 年宣传小额信贷年时首次正式提出普惠金融的概念，并给出定义：普惠金融是指能有效、全面地为社会所有阶层（特别是贫穷的、低收入的群体）提供服务的金融体系。普惠金融又称为包容性金融，是指通过完善市场机制与加强政府扶持等措施，使得无法从传统金融体系获得金融服务的社会低收入人群、小微企业以及边远贫穷地区的居民也能够以合理的价格、方便快捷的方式获取到金融服务，从而不断提升金融服务的可得性（焦瑾璞，2014）。以传统金融发展为基础，普惠金融更强调金融服务的可及性。周小川行长在全国政协十二届四次会议分组讨论中指出"普惠金融是指将金融普遍惠及所有群体，特别强调在贫困地区、少数民族地区、偏远地区以及残疾人和其他弱势群体中提供金融服务"。在上述定义中并未涉及金融服务价格的问题，关于普惠金融概念中"惠"所蕴含的内涵，现在学界存在一定分歧，部分学者认为普惠不仅表现在"普"而且应当体现"惠"，且这里的"惠"要体现价格的优惠。世界银行东亚太平洋金融发展局前首席经济学家，中欧世界银行中国普惠金融中心主任王君指出"普惠金融听着很好听，但有点变了味。搞这一行的人也多，做普惠金融中心的也不少，但'普惠'仍被很多人误解为'优惠'，甚至有些业内人士都公开称'普惠'就是以优惠条件向广大人民群众提供金融产品和服务。"

事实上，普惠金融的概念译自英文 Inclusive Finance，它强调的是金融服务的包容性，"惠"更多体现的应当是惠及，体现在惠及更多的人，让更多的人享受到金融服务。国务院在印发的《推进普惠金融发展规划（2016—2020 年）》中指出："普惠金融是指立足机会平等要求与商业可持续原则，以可负担的成本为有金融服务需求的社会各阶层和群体提供适当、有效的金融服务。"❶ 本书认同后一种观点，普惠金融概念中所指"普惠"是指普遍惠及，我们给出如下定义：普惠金融，是指立足机会平等与商业可持续原则，通过政府扶持与完善市场机制，为有金融服务需求的各阶层社会群体提供价格合理、适当、有效便捷的正规金融服务，不断提升金融服务的可获得性。而这里的价格合理，并不是指要优惠，只要在市场机制

---

❶ 《国务院关于印发推进普惠金融发展规划（2016—2020 年）的通知》，2016 年 1 月 15 日，中央政府门户网站 www.gov.cn。

作用下能使供需双方达成交易合约的价格，都是合理的，而且只有这种市场机制作用下的价格才具有经济可持续性。

2.2.1.2 普惠金融的内涵

有别于传统金融，普惠金融强调构建一个包容性的金融体系，在任何经济主体有金融需求时能够合理地获得相应的金融服务。普惠金融理论认为，享受金融服务是每个人的权利，所有市场主体都应当被赋予享有均等金融服务的权利；要通过完善市场机制，使金融服务需求与供给之间达到匹配；在成熟的普惠金融体系下，每个市场经济主体都能够以合理的价格享受到其所需要的金融服务。

普惠金融的概念应当包含以下五个方面的含义：第一，服务对象的广泛性，普惠金融强调为社会所有人提供服务，普惠金融体系应当是惠及社会各个阶层群体的，包括从传统金融机构无法有效获得金融服务的贫困人群与小微企业；第二，服务渠道的便捷性，普惠金融同时还强调服务的便捷性，因而在传统物理网点之外，可以借助手机银行、电子网络等新型技术手段，增加服务供给渠道；第三，服务产品的全面性，普惠金融的发展目标应当是为所有阶层提供全方位的金融服务，包括存贷款、汇兑、结算支付以及保险理财等一揽子的金融服务；第四，供给主体的多样性，普惠金融服务的供给主体应该是包括各个类型的金融机构，通过各类型金融机构的广泛参与，对金融资源进行合理配置，满足所有市场主体的金融服务需求；第五，经营模式的商业性，普惠金融并非扶贫金融，可持续性仍然是金融机构的经营目标，因而仍应当坚持商业的经营模式。

2.2.2 普惠金融提出的理论依据

普惠金融的概念在2005年由联合国首次正式提出，但是事实上普惠金融是与金融排斥相对的一个概念，早在1973年麦金农与肖的论文中提出金融抑制概念时就蕴含了普惠金融概念的理论依据。

2.2.2.1 金融抑制理论蕴含的普惠金融思想

麦金农和肖（1973）认为西方传统的古典经济理论并不符合发展中国家的情况，许多发展中国家的中央银行或货币当局通过对各种金融机构的市场准入、市场经营流程和市场退出按照法律和货币政策实施严格管理，以行政手段的方式对各金融机构设置和其资金运营的方式、方向、结构和空间布局进行了严格控制，从而人为地压低了利率与汇率，导致实体经济与金融体系都呆滞不前，这就是"金融抑制"。

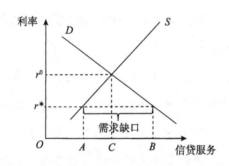

图 2-1 存在金融抑制对金融信贷供需的影响

借助基本的信贷供需模型来加以分析（图 2-1 所示），假设市场上金融信贷交易量由信贷供给与需求两方面的因素共同决定，在控制其他影响因素的条件下，信贷供给与需求主要受利率因素的影响。那么在完全竞争市场条件下，金融信贷交易市场最终会在点（r^0，C）处达到市场均衡，此时利率水平为 r^0，达成的信贷交易量为 OC。当存在金融抑制现象时，金融市场上的利率水平由货币当局强制规定，这就会使得市场上的利率水平偏离均衡利率。假设将名义利率固定在均衡利率 r^0 以下 r^* 处，那么最终市场达成的信贷服务供给量为 OA，而在这一利率价格水平上，市场上实际的信贷需求为 OB，这就意味着市场由 $A \rightarrow B$ 的信贷需求无法得到满足。在这种情况下，金融机构就会将信贷资金贷放给收入水平、信誉级别相对较高的人群，那么一部分收入较低、风险相对较高的人群或企业就会被排除在信贷市场之外，受到了金融排斥，从而使得大量有利可图的投资机会由于资金需求无法得到满足而无法实现。

事实上，这种金融抑制现象的存在会给宏观经济带来一系列的负面影响。第一，金融抑制会降低资本市场运行效率。当存在金融抑制时，资本市场的价格不能真实地反映需求和供给之间的关系，无法有效地调节市场均衡。第二，经济增长无法达到最佳水平。在金融抑制条件下，储蓄很难达到最佳水平，并且金融体系所积聚的储蓄也无法有效地转化为投资，最终会影响到经济增长。第三，银行体系增长受到限制。在金融抑制条件下，银行体系的扩展会受到限制，银行体系自身的缺陷也使得引导私人储蓄投资于高收益领域的功能无法有效发挥。第四，会加剧贫富差距。金融抑制对金融资源的无效配置，会使得富裕的人在分配中受益而更加富裕，贫困的那部分群体受到剥夺而更加贫困。第五，融资形式受到限制。金融抑制条件下，金融市场上信贷资金供给不足，从而导致信贷资金配给给政府认为重要的大企业，而大部分中小企业被排斥在信贷体系之外，不利于企业的发展。因此，就需要通过金融自由化，促使信贷服务能够惠及更多的市场主体。如在图 2-1 中放开金融抑制的条件下，市场均衡处信贷规模会达到 OC 的水平，信贷服务供给水平明显高于 OA，也就是意味着信贷服务会惠及更多的市场主体。

基于解决金融抑制问题的需求，普惠金融理念应运而生。普惠金融强调金融服务的包容性，强调让更多的群体与企业能够享受到合理的金融服务，其中特别关注于市场经济中的弱势群体（包括低收入人群与中小微企业等）。当然，普惠金融是一个发展的概念，它包含的范围也在逐步扩大。包容性金融所包含的金融服务不只是指我们上面提到的信贷业务，而且还包括保险、储蓄、汇款、转账、租赁以及抵押等多层次、全功能的金融服务。我们可以将所有的金融业务作为"金融服务"这么一个抽象概念，借助金融供需理论来进行分析。

图 2-2 中横轴表示金融服务，是金融市场上各种金融服务的一个整体抽象概念，纵轴代表金融服务的市场价格。市场均衡水平 O 反映了最终市

场均衡条件下，市场达到的金融服务水平，这反映出我们所要测度的普惠金融水平，即金融服务的包容性。假设在外部力量的推动下（如政府财政扶持），使得金融服务的供给从 S 调整到 S_1，在金融服务需求不变的情况下，市场均衡的金融服务会达到 O_1，显然 O_1 处的金融服务交易规模要大于 O 点的水平，也就意味着 O_1 处金融服务会覆盖更多的市场主体，从而普惠金融水平也相对要高一些。同理，假设在外部力量作用下（如经济发展使得市场主体的财富增加），使得市场主体对金融服务的需求由 D 调整到 D_1，在金融服务供给不变的情况下，均衡条件下市场的金融服务也会达到 O_1。而金融服务供给与需求同时增加（供给从 S 调整到 S_1，需求从 D 调整到 D_1），最终市场均衡时，金融服务交易量会达到更高水平的 O_2 处，普惠金融发展水平也会更高。因此，我们认为市场上所有能够影响到金融服务需求与供给的因素，都会影响到最终的金融服务市场均衡水平，也就是说会影响到普惠金融的发展水平。

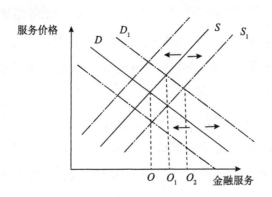

图 2-2　金融服务供需分析图

2.2.2.2　普惠金融发展理论模型构建

以下，我们将通过构建一个简单的金融服务供需模型❶，来进一步说明普惠金融对于市场资源的优化配置作用。

---

❶　此模型的构建参照了焦瑾璞、王爱俭，2015：《普惠金融：基本原理与中国实践》，中国金融出版社，第二章所构建的"信贷服供需模型"。

假设市场上有两种类型的金融服务需求主体:

一类是普通的企业与个人群体,通常情况下他们的金融服务需求会在市场合理价格位置获得满足。他们的金融需求 D_1 受到社会环境、收入水平以及获得金融服务的成本三方面因素的影响:

$$D_1 = F(H_1, Y_1, r) \tag{2-1}$$

这里的 H_1 表示金融需求主体所处的社会环境,社会环境包括经济主体所处环境的硬件基础设施、软件人文环境等。这些因素共同影响着经济主体的金融意识,也就是对金融服务的认识,一般认为金融服务需求主体的金融意识越强,在其他条件不变的情况下,相应的金融服务需求也会越多; Y_1 代表企业(或个人)的财富规模,其他条件不变的情况下,财富越多相应的金融服务需求也会越多; r 代表获取金融服务所付出的成本,成本高,会降低个人(或企业)金融服务需求意愿,因此,我们可以将金融服务需求函数进一步表示为:

$$D_1 = \alpha_1 H_1 + \beta_1 Y_1 - \delta_1 r \tag{2-2}$$

另一类型的金融服务需求主体是贫困的企业与个人群体,通常情况下,由于现实条件的制约,他们的金融服务需求很难通过有效途径得到合理满足。同样,他们的金融服务需求 D_2 也是受到所处社会环境(H_2)、收入水平(Y_2)以及金融服务需求的成本(r)因素的影响:

$$D_2 = F(H_2, Y_2, r) \tag{2-3}$$

$$D_2 = \alpha_2 H_2 + \beta_2 Y_2 - \delta_2 r \tag{2-4}$$

其中,α_1 与 α_2 代表金融服务需求对社会环境的敏感程度,β_1 与 β_2 表示金融服务需求对财富的敏感程度,δ_1 与 δ_2 代表金融服务需求对价格的敏感程度。

金融服务供需模型中另一个重要的市场参与主体就是金融服务供给方,也就是金融机构:作为金融服务供给方,他们提供金融服务(S)的多少也会受到社会环境(也是指提供金融服务的金融机构所处环境的硬件基础设施与软件人文环境等,人文环境更多体现在需求主体的信誉状况)H、企业

或个人的财富水平 Y 以及金融服务价格 r 因素的影响。

$$S = F(H, Y, r) \qquad (2-5)$$

通常情况下，在其他条件不变的情况下，社会环境越好，即硬件基础设施条件、软件人文环境（如信誉状况、金融意识等）越好，金融组织倾向于提供更多的金融服务，财富规模越大金融机构越容易提供金融服务，价格越高金融服务供给也会越多。因此，金融服务供给函数进一步表示如下：

$$S = \gamma H + \theta Y + \mu r \qquad (2-6)$$

因此，市场上供需主体及面对的函数如下：

金融服务需求方：　　$D_1 = \alpha_1 H_1 + \beta_1 Y_1 - \delta_1 r$

$$D_2 = \alpha_2 H_2 + \beta_2 Y_2 - \delta_2 r$$

金融服务供给方：$S = \gamma H + \theta Y + \mu r$

考虑当金融机构只向普通的企业与个人提供金融服务时❶，此时 $S = D_1$，普通企业与个人的所处社会环境因素表示为 H_1，普通企业与个人的财富规模表示为 Y_1，当 $S = D_1$ 时市场达到均衡，求得此时利率水平：

$$r^* = \frac{(\alpha_1 - \gamma)H_1 + (\beta_1 - \theta)Y_1}{\mu + \delta_1} \qquad (2-7)$$

将（2-7）代入（2-2）或（2-6）求得此时市场上的金融服务水平（Q^*）为：

$$Q^* = \gamma H_1 + \theta Y_1 + \mu r^* = \alpha_1 H_1 + \beta_1 Y_1 - \delta_1 r^* \qquad (2-8)$$

事实上，当获取金融服务的成本确定到 r^* 的水平时，贫困企业与个人群体是存在一定的有效金融服务需求的，且有效需求❷为：

$$D_2{}' = \alpha_2 H_2 + \beta_2 Y_2 - \delta_2 r^* \qquad (2-9)$$

---

❶ 现实情况也确实如此，很多时候提供正规金融服务的金融机构出于成本考虑，或者是由于信息不对称等原因，出于控制风险目的，或者由于农村贫困人群等弱势群体聚集区基础条件欠缺等原因，将弱势群体排斥在金融服务范围之外。当然也存在有些弱势群体由于自身金融意识欠缺，主观地将自我排斥在金融服务体系之外，无法形成有效的金融服务需求。

❷ 这里的有效需求是指，按现有的市场价格贫困企业与个人愿意并能负担的金融服务需求。

那么，在现有市场条件下有 $D_2{}'$ 的有效市场金融服务需求是没有得到满足的，也就是说这部分群体的金融服务需求是被排斥在金融服务体系之外的。普惠金融发展的目标就是，通过完善市场运行机制，使金融服务覆盖到所有人，从而使金融服务市场重新达到 $S = D_1 + D_2$ 的均衡状态，此时均衡利率为：

$$r^{**} = \frac{\alpha_1 H_1 + \alpha_2 H_2 + (\beta_1 - \theta)Y_1 + (\beta_2 - \theta)Y_2 - \gamma H}{\mu + \delta_1 + \delta_2} \qquad (2-10)$$

因此，我们可以得出市场均衡条件由 $S = D_1 \rightarrow S = D_1 + D_2$，市场均衡价格由 $r^* \rightarrow r^{**}$ 的逐步转化过程正是普惠金融发展所要达到的目标。

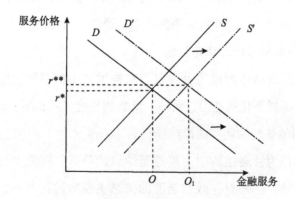

图 2 - 3　普惠金融发展目标供需展示图

我们用图 2 - 3 来展示普惠金融的发展目标，首先市场需求主体由 D_1 变为 $D_1 + D_2$，在其他条件不变的情况下，市场整体需求会增加，金融服务需求曲线由 D 向右移动至 D' 位置。另一方面普惠金融发展通过创新金融机构，或创新金融业务等形式为多样化的市场需求主体提供与其需求匹配的金融服务供给，因而市场供给曲线会由 S（只为普通个人或企业提供金融服务）向右移动至 S'（金融服务覆盖所有人）的位置。最终在市场均衡 O_1 处的金融服务交易量是大于 O 点处的，也就是说金融服务市场上达成的金融服务交易水平是提高的，金融包容性得到了提升。但是 r^* 与 r^{**} 之间的大小是不确定的，我们可以确定的是这两个价格都应该是通过市场机制决定的。

因此，普惠金融目标是提升有效金融服务，强调金融服务包容性，至于价格是否优惠并不在普惠金融内涵中所包含。

2.2.3 文化信仰概念与社会功能

2.2.3.1 文化信仰的概念

本书所界定的文化信仰主要是指宗教信仰，文化信仰使用吕大吉教授对宗教的定义"宗教文化是关于超人间、超自然力量的一种社会意识，以及因此而对之表示信仰和崇拜的行为，是综合这种意识和行为并使之规范化、体制化的社会文化体系"❶。宗教文化信仰不仅包含着基于信仰的信念、伦理、信任等无形文化，而且展现为圣地、器物、活动等有形文化。

2.2.3.2 文化信仰的社会功能

宗教的功能是指作为世俗世界以及精神世界中的事物，宗教使得世俗世界发生这样那样变化的能力、活动、机制或机能（段德智，2010）。

（1）宗教的政治功能与法律功能

政治法律作为社会结构中上层建筑的组成部分，在整个社会结构中占有非常重要的地位。宗教与政策制度的关系主要有两种基本的模式，一种是政教合一制，一种是政教分离制。在前现代社会政教合一是处理宗教与政治制度的主要模式。而且政教合一制在不同的国家不同的历史时期也呈现出不同的形态，其主要形态包括：政教一体制，宗教体制与政治体制浑然一体；教国制，教会直接为世俗社会的掌权机构；国教制，以国家作为统治主体，制定某一宗教为国教，教会只是国家的从属机构；混合制，用于专指中国历史上处理宗教与政治关系的模式。至近代社会，政教分离已经成为处理宗教与政治制度的主流模式。政教分离制以政治与宗教的分离为主要特征，但是同时在政治与宗教之间也建立了一种合理的关系，一方面国家与政府承认其领土内存在的各种宗教并保护其信仰自由；另一方面

---

❶ 吕大吉，1998：《宗教学通论新编》，中国社会科学出版社，第79页。

各宗教在国家的宪法及其他法律范围内开展活动。与此同时，宗教影响政治的途径也是多种多样的。第一，宗教影响政治最有力的方式就是宗教直接掌握国家权力机构，如教国制；第二，宗教人士通过参政议政来影响政治；第三，借宗教教义、仪式与神学理论服务于政治；第四，通过参与社会政治活动影响政治。

宗教与法律的关系也是十分密切的。原始社会时期，可以说法律规范与宗教规范是一体的。在巫术盛行时代，可以说宗教禁忌是一种习惯法。在神圣者观念出现以后，又产生了神判法。阶级社会产生之后，出现的各种法典均具有一定的宗教性质，如摩西五经、汉谟拉比法典、摩奴法典等。这些法典均宣称其权力为神明所授，同时宗教戒律和宗教禁忌在这些法典中都不等地有所包含。时至今日，在现代政教分离的背景下，宗教对法律的影响有所削弱，更多的时候宗教对法律的影响体现为一种间接的形式，同时各国法律也会对宗教信仰与信仰自由做出一定的规定。宗教法理中的一些基本理念仍然在近现代法典中以各种不同形式发挥着作用。一方面，宗教的自然法思想是法律形成的核心思想源泉，自然法认为法律需要与正义相联系，而正义观通常会受到宗教思想的影响；另一方面，宗教规范的制度规定也影响着法律的制度规范。

（2）宗教的经济功能

经济制度和经济生活是构成现代社会制度和社会生活的基础部分。因而，讨论宗教的社会功能时宗教与经济的关系和宗教的经济功能是我们必须讨论的内容。

凡是宗教组织往往其本身就是一个经济实体或经济机构，一般都拥有一定的财富且具备一定经济实力。有记载表明，古代埃及寺院不仅拥有耕地、牲畜、果园，而且还拥有造船厂，经济实力雄厚。古代苏美尔与巴比伦的神庙不仅有农场、牧场，雇佣有大批的农民、牧民、建筑工与纺织工，而且神庙里的祭司还兼行税吏的职能，要求农民向寺庙缴纳一定的谷物。中国的寺院经济始于东晋后期，南北朝时期达到相当规模，成为封建经济中的一个重要组成部分。中世纪欧洲寺产远远超过古代寺院经济的规模。最开始基督教教会的经济来源主要依靠信徒的供奉，321 年君士坦丁大帝许可将财产捐给教会；尤斯替尼大帝时代，盛行向教会捐赠遗产。教会经济逐渐从传统农业扩展到了手工业、商业，甚至有些教会逐渐开始从事抵押与放贷业务。时至当代，教会或寺庙虽然失去了过去曾享有的一些经济特权，但是随着宗教的世俗化与商业化，教会经济在许多国家经济中的地位不仅没有削弱反而有所增强。

（3）宗教的道德伦理功能

在人类历史上，宗教与道德伦理的关系并不是一成不变的。原始社会时期，在原始道德的基础上产生了以图腾崇拜或者氏族神崇拜为主的原始宗教，两者之间紧密联系且不可分割。随着人类文明的进步，宗教和道德各自相对独立地得到了发展。一方面，相当系统的神学理论逐渐从宗教的世界观中发展出来；另一方面，社会道德也逐渐从宗教道德中游离出来，产生了伦理学说。自此，宗教道德和社会道德之间的关系发生了巨大的变化，一方面它们拥有不同的研究对象，且分属于不同的学说与领域；另一方面，它们之间又相互影响。在古代社会里，在政教合一制度下，宗教道德与社会道德、宗教与道德的关系虽然有别于原始社会，但是关系依然是相当密切的。宗教道德往往支配与规范着社会道德。至近代，随着世界各国政教分离政策的实施，宗教与道德之间的关系发生了根本的变化，两者之间的独立性增强，但是它们之间仍然以一种削弱了的形式存在着联系。韦伯在《新教伦理与资本主义精神》中所强调的就是宗教伦理对社会伦理的重要作用。

宗教与社会道德之间始终存在着一种互存互动的关系，一方面，社会道德伦理不仅为宗教提供了实质性的内容，而且还是宗教道德产生与演进的一个重要动因。如早期佛教关于众生平等、因果报应、生死轮回的道德伦理思想是当时反对种姓歧视的印度下层民众的社会道德伦理思想的反映；基督教的平等等宗教道德无疑是源自罗马帝国统治下下层人民要求民族独立、社会平等等社会道德伦理思想。宗教及宗教道德还随着社会道德伦理的变化而变化。此外，各宗教在传布的过程中必须努力与当地的社会道德相适应。另一方面，宗教与宗教道德也并非是消极的东西，它能够对道德伦理或社会道德产生积极的影响。如果说社会道德根本的功能在于通过行为规范与伦理准则来调整社会中人与人之间的社会关系，使之与社会经济基础的性质与需求相适应，那么宗教与宗教道德的功能就体现在通过将以现实经济关系为基础的人与人的关系说成是神的意志或者天命的安排，从而促使社会道德伦理内在化，使恪守社会道德规范成为社会成员自主自觉的行动。

（4）宗教的民风民俗功能

民俗是自发形成的，它不仅反映了不同地区、民族的外在自然环境与社会生活特点，而且也体现了不同地区和民族的内在心理特点。民俗是一个涵盖面极广的概念，它不仅关涉到一个民族的衣食住行、婚丧嫁娶，而且还涉及各行各业的行规、组织、禁忌，以及人们的思想意识与生活习惯等。许多民族的民俗习惯形成历史悠久，可追溯至原始宗教的图腾崇拜与宗教禁忌，如印度人对牛的敬重、穆斯林忌食猪肉等。除图腾崇拜之外，宗教的其他方面也影响着民俗的形成。如汉民族"不孝有三，无后为大"思想就源自儒教"敬天祭主"思想，为了保证祭祀香火不断，首要的任务就是传宗接代。

宗教与民俗之间最密切的关系是不同宗教信仰和禁忌对民族心理、民族性格形成过程的强大渗透。如受儒教思想的影响，中国以及日本等东方民族，通常以道德的"耻"作为自省的主要参照；受基督教影响的欧洲民族，则多是以形而上的"罪"作为自我反省的主要内容。不同民族之间心理意识的差异，极大地影响到人们的日常生活行为。

2.2.4　文化信仰影响普惠金融发展的理论渠道

宗教文化信仰作为一种文化因素会通过其各种社会功能影响社会人文环境。文化信仰作为人类生活的上层建筑，建立在经济基础之上，同时对经济基础产生反作用，指导与影响着人们的经济意识与经济行为。借助前述分析中运用的"金融服务供需理论"，来进一步分析文化信仰因素对普惠金融发展的影响机理。

在金融服务供需理论中，市场上金融服务需求主要受社会环境（H）、财富规模（Y）以及金融服务价格（r）三方面因素的影响：

$$D = F(H,Y,r) \tag{2-11}$$

$$D = \alpha H + \beta Y - \delta r \tag{2-12}$$

金融服务供给也取决于社会环境（H）、财富水平（Y）以及金融服务价格（r）等因素：

$$S = F(H,Y,r) \tag{2-13}$$

$$S = \gamma H + \theta Y + \mu r \tag{2-14}$$

文化信仰作为一种文化因素，是社会环境的重要组成部分，会直接影响到社会环境变量 H，在特定文化信仰作用下会形成特有的社会人文环境。文化信仰通过影响人们的金融意识、风险态度、信用状况等因素，从而影响金融服务需求与供给，进而影响到最终的普惠金融水平。

文化信仰会影响人们的经济态度，其中有倡导入世的宗教也有倡导出世的宗教，宗教文化信仰会影响人们在世俗世界中对待财富的态度，进而影响社会的财富水平。社会财富水平 Y 不仅会影响市场主体的金融服务需求，还会影响金融机构的金融服务供给，进而影响最终的普惠金融水平。作为文化信仰的有形载体，宗教组织的各种经济活动也会直接影响最终的社会财富规模，从而作用于普惠金融发展。图 2-4 从金融供需理论描绘了文化信仰影响普惠金融发展的理论渠道。

图 2-4　文化信仰影响普惠金融发展的理论机制

文化信仰作为一种文化因素，其本身就是社会环境的重要组成部分，同时也对社会经济系统产生一定影响。文化信仰主要通过塑造人们的经济态度和经济行为从而实现对社会经济的影响。这种塑造功能具体体现在：一是宗教伦理和宗教道德影响塑造特有品质的生产者和商人。宗教道德约束下其信徒具备诚实、守信、公正等良好品质，从而有利于社会经济生活的良好运行。二是宗教影响人们的日常工作。如韦伯在《新教伦理与资本主义精神》中指出，新教通过赞美人们的职业劳动，强调人们的工作是"神召"，从而不断提升人们参加工作的使命感和责任感。三是宗教有时会刺激消费，宗教节日，特别是如圣诞节等世俗化节日，对相关产品的生产与消费具有直接的拉动作用。四是某些宗教会明确支持或限制某种经济体制或商业活动。需要说明的是，文化信仰对经济的影响往往是间接的复杂的，而且通常也不是革命性的或决定性的。下一部分内容将具体梳理文化信仰对普惠金融发展的影响渠道。

2.3 文化信仰影响普惠金融发展的具体渠道

普惠金融强调金融服务的包容性，金融体系应当通过有效的方式使正规金融服务能够惠及每一个人、每一个群体，特别是那些无法通过传统方式获得到金融服务的弱势群体。从经济学基本的需求—供给理论分析，就涉及金融服务需求与金融服务供给两方面因素，包括两个主要市场参与主体：金融服务需求者与金融服务供给者。从金融需求的角度来说，指市场上有金融需求的主体都能够以合理的价格获得相应的金融服务，即金融需求能合理得到满足；从金融供给的角度来说，普惠金融强调金融服务供给能够覆盖到所有市场参与主体，包括弱势群体。时至今日，教会（寺院）经济虽不像旧时具有极强的社会经济影响力，但是，宗教文化作为一种上层建筑会影响人们的经济意识，从而间接地影响市场参与主体的金融需求与金融供给；而作为宗教物理载体的机构（寺庙或教堂）也以其特有的形式影响着普惠金融的发展。本部分将以现有文献资料为基础，从整体社会经济态度、宗教有形载体与微观市场主体三个角度分别来探讨文化信仰通过影响金融需求与金融供给从而间接影响普惠金融发展的渠道。

2.3.1 通过塑造整体社会经济态度影响金融服务供需

遵循韦伯的研究思路，他认为一切宗教均是以死后的祸福报应来约束人生前的行为标准的，其核心就在于通过信仰从而使人的灵魂得到拯救，其救赎的方式有"入世"与"出世"两种。宗教教义所体现出来的对待世俗世界的态度可归结为"入世禁欲""出世禁欲""入世神秘"以及"出世神秘"四类。而对待世俗世界的不同态度会激发出不同的经济观念，因而对经济发展的作用也会大不相同。韦伯在《新教伦理与资本主义精神》一书中详细分析了基督新教对于现代资本主义经济发展的促进作用，他认为"在新教禁欲主义影响下，一种特殊的经济伦理形成。资产者认为只要其仪表得体，财产使用不受非议，就可以放心大胆地追逐利润，且这种职业行为也是在尽天职。劳动者认为劳动是天职，是确保每个人成为上帝选民的唯一手段"。这种新教的经济理性主义促进了现代资本主义经济的发展，因而我们可以推出它对于现代金融业发展也有推进作用。不同宗教对待经济的态度是有差异的，因而其参与金融活动的积极性也会存在差异。马丁·奥芬巴赫在其著作《宗教与阶层》中曾指出"天主教徒更为平和，极少物欲；宁愿过一辈子收入不高而简朴的宁静的生活，也不愿为获得名利而整天寻求冒险与刺激，即使他们有这样发财的机会。俗话说：'吃好睡好，二者不可兼得'套用在这两者身上，也就是新教徒乐于享受美食，而天主教徒则情愿美美地睡上一觉"。

表 2 - 1　佛教、天主教与新教对待经济经营的态度对比

	佛教	天主教	新教
经济经营	正当，但以耗财建福业为目标	不可执着于财富	理性经营，正当得利

注：表格参照何蓉《佛教寺院经济及其影响初探》。

基于以上分析，我们可以得出不同宗教文化信仰所宣扬的对待世俗经济的不同态度，会营造出对待经济活动的不同社会环境，因而对金融业发展会起到不同的作用。因此，我们可以得出文化信仰影响普惠金融发展的第一个渠道。

渠道1：不同宗教文化信仰的不同教义会营造出不同的经济态度，影响社会整体对待经济生活的积极性，从而影响金融服务需求与供给。

宗教教义→社会整体经济态度→经济生活的积极性→金融服务需求与供给

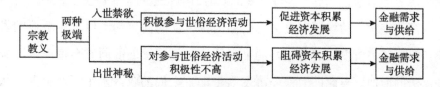

图2-5　文化信仰影响普惠金融发展的社会经济态度渠道

2.3.2　通过文化信仰机构影响金融服务供需

时至当代，教会或寺庙虽然失去了过去曾享有的一些经济特权，但是随着宗教的世俗化与商业化，教会经济在许多国家经济中的地位不仅没有削弱反而是有所增强。宗教仍然通过其有形载体对经济社会产生一定的影响，同宗教无形文化与经济增长相互影响"说有似无"的状况相比，宗教有形文化通过朝拜活动引发的商贸、旅游活动，乃至城镇发展等经济效应是"眼见为实"的。

具体影响方式：

（1）围绕宗教圣地的朝拜活动，促进了宗教商品与世俗商品之间的流通。各种宗教圣地如天主教的大本营梵蒂冈、伊斯兰教的圣城麦加，以及佛教的各种名山大寺等吸引着无数的信徒前来朝拜，信徒们在朝拜过程中需要的不仅有宗教服务，还有相应的世俗服务，庞大的信徒客源形成了巨大的商机。如中国的"庙会"便是伴随着佛教寺院以及道教宫观、民间信仰等宗教活动而发展起来的集市贸易。巨大商机与人流带动下对金融服务的需求会增加，相应的金融服务供给也会增加，从而提升普惠金融发展水平。

（2）宗教圣地不仅吸引了大批信徒前来朝拜，而且也吸引着越来越多的非信徒进行参观旅游，这是经济发展的重要商机。借助于宗教资源（寺庙、教堂等）而推动的商贸旅游发展，不少包含宗教信仰的宗教文化产品、节日与活动蓬勃发展，带动旅游发展的同时，还带动了相关特色产业的发展，促进了地方经济的发展。如信仰伊斯兰教的回族、维吾尔族的开斋节；藏传佛教的唐卡艺术等。经济发展的同时自然也会带动金融业的发展。

围绕宗教活动场所以及文化信仰因素带动的商贸活动以及旅游业的发展，对地区经济发展起着很好的带动作用，经济发展的同时会带动金融服务供给的增加。与此同时，经济发展带动下人们的收入水平不断提升，从而相应的金融服务需求也会增加，最终促进金融普惠水平的提升。

基于以上分析，我们可以得出，文化信仰通过其有形载体，促进一些商贸活动以及旅游业的发展，从而推动地区经济发展，最终将提升普惠金融发展水平。因此，我们可以得出文化信仰影响普惠金融发展的第二个渠道。

渠道2：文化信仰通过寺庙/教堂等有形载体影响社会经济发展，从而影响金融服务供给与需求。

文化信仰→寺庙/教堂有形载体→经济发展→金融供需

图2-6　文化信仰因素影响普惠金融发展的有形载体渠道

2.3.3　通过微观市场主体从而影响金融服务供需

文化信仰因素对社会经济态度的塑造最终还是得通过微观市场参与主

体的经济行为体现出来。个人/家庭作为市场经济的参与主体，同时也是宗教活动的参与者。宗教文化信仰因素会影响他们在市场经济活动中的生活方式、生产方式以及行动思维。Stark 与 Finke（2000）指出，宗教具有文化属性与制度属性两个基本属性。作为一种文化因素，宗教文化信仰会直接影响人们在经济社会中的行为偏好，从而对个人的经济行为产生影响。宗教文化因素影响下市场主体会形成具有特色的价值观、信仰，从而会进一步影响经济行为与决策（Iannaccone，1998）。经济行为与决策会直接影响金融市场最终的金融服务均衡状态。同时，文化信仰作为一种制度因素又会制约人们的经济行为，影响人们在经济生活中所遵循的规则，这也会间接影响金融服务所处的社会环境，影响金融服务的需求与供给。

2.3.3.1 文化信仰影响个人/家庭的经济行为

（1）借助宗教经济学模型分析宗教与金融需求之间的竞争

第一个宗教市场经济学模型是由 Gorry Azzi 与 Ronald G. Ehrenberg（1975）提出的"家庭生产模型"，简称 A-K 模型（阮荣平、郑风田、刘力，2013）。宗教家庭生产模型认为，现世效用和来世效用共同构成家庭的总效用，家庭以追求总效用最大化为其生产目的。对世俗世界产品的生产（或消费）数量决定现世效用，对宗教产品的生产（或消费）数量决定来世效用。而投入相应的时间和金钱，无论是对世俗产品还是宗教产品的生产都是必需的。个人拥有的时间和金钱是一定的，在既定条件约束下，为实现总效用最大化，个人需要在生产世俗产品与宗教产品之间找到均衡。这种资源的配置与竞争不仅影响着宗教的发展同时也影响着经济的发展。

（2）影响市场主体的财富积累行为

宗教教义中关于财富积累的态度以及财富积累方式的规定，会直接影响宗教信众的财富观和财富拥有量。信徒的财富观和财富拥有量又直接决定金融服务的需求与金融服务供给水平。佛教倡导对财富的合理支配使用，而如何才是合理使用，《杂阿含经》中指出："一份自食用，二份营生业，余一份藏密，以抚诸贫乏"❶，而佛法认为只有将财富用于慈善事业的布施，才能真正发挥财富的作用。佛教基本反对信徒敛财，故信徒中富裕者较少。基督教倡导只要一个人用勤劳的双手，通过劳动致富，并且可以负责任地使用财富，那么这样的财富便是上帝的恩赐。圣经鼓励人们勤劳致富，积累财富，这样不仅可以养活自己，不给社会与他人添加负担，而且还可以帮助别人。因而基督教信徒更愿意进行财富积累。犹太教认为财富是行善积德的主要手段，因而犹太教徒更愿意进行财富积累，世界级亿万富翁多是犹太人。

2.3.3.2　文化信仰影响个人/家庭的金融意识

（1）文化信仰作用于个人/家庭的金融意识从而影响金融服务需求

决定金融发展的不仅有经济因素，还有人们的经济态度与金融意识。人们的金融意识不仅会受到社会制度变迁的影响，同时还会受到文化传统、宗教信仰等上层建筑的影响。宗教文化信仰与宗教活动会对信仰者心理产生一定的约束力，这种影响也会对人们的日常行为产生一定的约束，并对日常活动起到一定的指导。Luc Renneboog 与 Christophe Spaenjers（2011）❷通过对荷兰家庭的调查发现，有宗教信仰的家庭，有更强的保留遗产的动机以及会做更长久的计划，而且天主教徒相对更节俭且更厌恶风险。而新教徒则更容易借助于外部的金融资源。宗教家庭相对更愿意储蓄，天主教徒投资于股票市场的频率要更少一些，经济态度能较好地解释天主教家庭的金融决策行为。

宗教文化信仰会影响信徒对待风险的态度：研究表明由于宗教信徒往往对未来不确定性风险的厌恶程度较强（Homans，1941），宗教信仰与风险承受力之间呈现负向相关关系（Miller & Hoffmann，1995）。如果说宗教信仰

---

❶　释济群、王芃、褚汉雨、尹志华、从恩霖，2001：《宗教的财富观》，《中国宗教》第 5 期，25 页。

❷　Luc Renneboog, Christophe Spaenjers, 2011;" Religion, economic attitudes, and household finance", Oxford Economic Papers 2012, 64（1）：103 – 127.

会降低对待风险的激进态度，那么对金融服务需求行为也会产生一定的影响。如为了避免未来不确定带来的风险损失，宗教信徒往往对金融贷款的需求程度相对较低。

宗教文化信仰会影响信徒对金融活动的认识：不同宗教派系对待借贷利息的态度是不一样的，这种差异会直接影响人们参与金融活动的积极性，影响人们对金融服务的需求。世界三大宗教对待借贷取息的态度不尽相同，如表2-2所示。

表2-2　佛教、天主教与新教对待借贷取息的态度对比

	佛教	天主教	新教
借贷取息	允许，代表福报绵延无尽	原则上不允许，被迫妥协（如贫民当铺）	许可借贷取息，以贫民当铺为不当得利

注：表格参照何蓉《佛教寺院经济及其影响初探》。

（2）文化信仰作用于个人/家庭的信誉从而影响金融服务供给

韦伯在《新教伦理与资本主义精神》开篇即提到"各种神秘的和宗教的力量，以及基于这些力量所形成的有关责任的伦理道德观念，一直都对行动发生着重要作用，甚至是决定性作用。"❶

宗教传统会影响信仰者遵循的规则：对于宗教信徒而言，在市场经济条件下，约束他们行为的不仅有法律法规等正式制度，宗教的各种规则也约束着他们的行为。来世、地狱、天堂等概念强化了宗教的约束功能，"全知"神的存在也使得违反规则的行为是必然会被发现的，来世与天堂的存在则意味着违反规则的成本更高，因而对于宗教信徒而言，有时宗教的约束力可能会更强。佛教要求其信徒不杀生、不偷盗、不邪淫、不妄语、不饮酒，这些戒律对佛教信徒行为起到一定的约束。对于不同的宗教而言，也许在某些问题上会存在差异，但是一些关于人类社会的基本价值观却是共存的，如诚实守信、与人为善、孝顺父母、扶助穷苦等。这其中"诚实

---

❶ 马克斯·韦伯著，龙婧译，2012：《新教伦理与资本主义精神》，安徽人民出版社，第1页。

守信"就是金融业得以健康发展的一个重要前提。宗教信仰的道德约束机制在金融发展过程中可以在一定程度上解决逆向选择与道德风险问题。

宗教文化信仰会影响信用状况：宗教文化作为一种非正式制度，影响着社会整体信用环境，而社会信用环境是决定社会金融服务供给的重要因素。李涛等（2008）的实证研究结果表明，宗教信仰能显著提升居民自身的社会信任水平。社会信任可以促进经济繁荣、推动经济增长，促进金融市场的发展。这种非正式制度的制约不仅表现于个人与家庭的行为上，而且会通过个人行为塑造出信用水平较高的企业家，进而影响企业的行为。因此，宗教文化会通过个人影响社会组织的行为。实证研究显示，宗教因素确实会影响组织的道德行为（Weaver & Agle，2002）。Riahi-Belkaoui（2004）基于国家层面数据实证检验了宗教信仰程度与会计信息透明度之间的关系，发现每月出席礼拜的次数显著正向影响会计信息透明度。陈冬华、胡晓莉、梁上坤、新夫（2013）实证检验了宗教传统与公司治理之间的关系，发现上市公司所在地的宗教传统越强其发生违规行为的次数越少，同时其被出具非标准审计意见的次数也会越少。在宗教信仰度较高地区的公司的管理层与员工更有可能遵循与宗教相关的那些行为准则，因而宗教所具备的行为规范职能能够形成一定的社会影响，同时总部设在当地的公司的态度与公司文化也会受到宗教文化的影响（McGuire 等，2012）。基于 61 万份调查问卷，McGuire 等，（2012）分析发现，宗教影响与财务报告违规的行为有显著负向相关关系。

基于以上分析，我们可以得出宗教文化信仰因素可以通过个人/家庭微观市场主体层面对普惠金融发展产生影响，一方面影响个人/家庭的经济行为从而影响家庭财富水平，进一步对金融服务需求与供给产生影响；另一方面宗教文化通过影响个人/家庭的意识形态从而影响金融服务供给与需求。因此，我们可以得出文化信仰影响普惠金融发展的第三个渠道。

渠道3：文化信仰通过作用于个人/家庭微观市场主体的经济行为与意识形态，从而影响金融服务需求与供给。

文化信仰→微观经济主体行为与意识→金融服务需求与供给

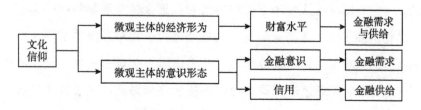

图 2-7　文化信仰影响普惠金融发展的微观经济主体渠道

2.4　本章小结

　　文化信仰与金融的关系并不像宗教文化信仰与政治、宗教文化信仰与科学、宗教文化信仰与民族等问题的研究那么引人注目，但是文化信仰对金融发展的影响是确实存在的。本章系统分析了文化信仰因素对普惠金融发展的影响机制，首先，从历史的角度分析了金融业的产生与宗教文化之间的紧密联系，一方面最早充当货币的物体的权威性源自宗教所赋予的神秘色彩；另一方面早期的金融活动也是源自宗教组织。其次，在焦瑾璞、王爱俭（2015）信贷供需模型基础上引入了社会环境因素，从而建立了文化信仰因素影响普惠金融发展的理论分析框架。金融市场上金融服务的供给与需求共同决定着普惠金融发展水平，社会环境因素、财富规模与价格水平又共同影响着金融服务供给与需求。文化信仰作为一种文化因素，是社会环境的重要组成部分，会直接影响社会环境变量，同时通过影响人们在世俗世界中对待财富的态度，间接影响社会的财富水平。文化信仰因素通过影响社会环境与财富水平间接地对普惠金融发展产生一定影响。最后，基于文献梳理概括了包括整体社会经济态度、宗教有形载体与微观市场主体三个文化信仰因素对普惠金融发展的影响渠道，而这些影响渠道之间也是相互交织的，并不是相互孤立的，如宗教营造的不同社会经济态度最终也是得通过微观市场经济主体的经济行为体现出来。

　　需要说明的是，宗教文化信仰作为一种文化因素对社会的影响是多方位的，而它可以通过这些多方位的渠道对普惠金融发展起到间接影响。本章对文化信仰作用于普惠金融发展的机制进行了相对系统的梳理，但并不代表所有的影响渠道，如宗教作为一种文化形态会对一定地区法律的执行效率产生影响，而通过法律渠道也会间接影响金融业的发展并未涉及。同时，宗教文化对普惠金融发展的作用机制是复杂的，且在不同的社会条件下，其作用效果也难以得出确定性判断，但是文化信仰对普惠金融发展的各种作用机制最终都会通过影响金融需求与金融供给两个方面表现出来，其中有激励机制也有制约作用，文化信仰因素对普惠金融发展的最终作用效果取决于各种力量的最终角逐。

3 文化信仰影响普惠金融发展渠道存在性检验

——基于中国家庭微观调查数据 CHFS

上章内容基于金融供需视角探讨了文化信仰因素对普惠金融的作用机理，并对文化信仰因素影响普惠金融发展的渠道进行了一定的梳理，说明文化信仰通过影响社会环境、财富规模等因素间接影响普惠金融发展。为了验证我们所提出的影响机制的适应性，本章基于"中国家庭金融调查"（China Household Finance Survey，以下简称 CHFS）2013 年的调研数据，从金融服务需求者的角度，对中国家庭文化信仰因素作用于普惠金融发展的影响路径进行了一定的验证，结果表明：家庭收入特征、主观态度、家庭主要财务成员个人特征以及家庭住所的地区特征等因素对普惠金融的发展均具有显著影响，文化信仰因素除对储蓄包容性有显著影响之外，对贷款包容性、投资服务包容性并不具有显著直接影响。但是，文化信仰因素通过影响家庭财富特征、主观态度从而间接作用于普惠金融发展，尽管系数比较小但却是高度显著的。这在一定程度上证明了中介影响渠道的存在性或者可以说我们所提出的文化信仰因素对普惠金融发展的中介传导影响理论是不被拒绝的。

3.1 微观家庭金融参与影响因素分析

普惠金融又称"包容性金融",强调通过发展小额信贷与微型金融等金融模式来扩展金融服务的覆盖范围,尽可能地为社会所有阶层与群体提供合理、便捷、安全的金融服务。从微观角度来分析,普惠金融指的是微观需求主体金融服务的满足度与覆盖状况。而从家庭层面分析,普惠金融发展体现为家庭的金融服务参与率。中国家庭金融调查数据显示,我国家庭的金融市场参与率较低,整体金融服务包容性水平较差。其中,银行存款参与率为60.93%,股票市场参与率为8.84%,基金市场参与率为4.22%,金融理财产品参与率为1.10%,衍生性金融产品参与率只有0.05%(甘犁等,2012)。那么,是什么因素影响家庭金融参与,从而影响金融包容性水平?

从微观家庭层面分析影响金融参与的因素:第一,家庭住所的经济特征会影响金融活动包容性。家庭居住地方的经济条件、交通状况,直接影响着居民家庭的金融服务可得性。尹志超等(2015)研究表明金融可得性的提高会促进家庭更多地参与正规金融市场。我国东、中、西部地区之间,城市与农村之间在金融服务的可得性方面存在较大差异。

第二,居民家庭的经济财富特征会影响其金融活动的参与情况。更高的家庭收入,以及更多的家庭资本意味着家庭有更多的资源获取金融产品与服务,同时金融机构也首选为具有高收入、高资产的客户提供金融服务(Devlin,2005)。收入的增加与资本的积累会使家庭有更多的资本参与到金融市场之中(Vissing Jorgensen,2002)。家庭的资产规模如自有住房与商业投资情况等也会影响家庭的投资行为(吴卫星、齐天翔,2007;何兴强等,2009)。

第三,家庭社会网络。家庭人口的增多,会使得家庭参与金融产品购买与使用金融服务的资源增多(Honohan,2006)。但同时,家庭成员的增多也会增加家庭开支，减少家庭的财富积累规模，从而减少用于金融活动的财富资源（FSA，2000）。居民的党员身份会使其有更多资源获取到金融服务，党员身份也会提高个人与家庭的收入从而间接影响家庭金融活动的参与状况（Liu，2003）。

第四，居民的主观心态，对金融产品的认知等因素会影响家庭对金融产品与服务的参与。金融机构在提供金融服务时，居民的信任度越高，金融机构会越容易把他们作为服务对象（李涛，2006）。研究发现，家庭对金融知识的认知会影响其储蓄与投资行为。接受过金融教育的居民往往会更多地储蓄，而那些不能够正确计算分期付款利息的人则会更多地选择借钱（Bernheim & Garrett，2003）。通常情况下，金融知识水平越低的人财富的累积也会越少（Lusardi & Mitcheell，2007）。同时，金融知识也会影响人们的风险偏好，Dohmen（2010）的研究表明金融知识掌握越多的人相应会越偏好风险，而风险态度又会影响人们的投资行为。

第五，居民的社会人口学特征也会影响家庭金融活动的参与。婚姻为居民提供了抵御外部风险的凭借，可以提高居民的风险承受能力，婚姻状况也可以间接影响居民的财富水平（Christiansen 等，2009），从而影响家庭的金融活动参与行为。居民受教育程度的提升会使其更容易理解与使用金融机构提供的产品和服务，从而增强其参与金融服务体系的可能性（Guiso 等，2008）。年龄对家庭金融行为参与的影响，会通过不同年龄段居民的财富、收入、认知能力以及不同阶段性生活需求等因素发挥作用（Ameriks & Zeldes，2004）。宗教文化信仰作为一种文化因素，会影响居民的经济态度，并对居民的社会信任水平有着积极的作用（Guiso 等，2003）。文化信仰会作用于家庭的受教育程度（Freeman，1986）、收入水平（Chiswick，1983）、健康状况（Ellison，1991）等因素，从而间接地对金融活动参与产生影响。文化信仰作为一种非正式文化制度，能够对个体的经济金融行为产生导向作用。潘黎、钟春平（2015）研究表明宗教行为与家庭的金融行为之间存在着显著的关联与影响。

近年来，宗教文化信仰因素对经济行为影响研究逐渐受到了重视，但是实证检验宗教文化信仰因素对家庭金融包容性影响的文献还非常少见。那么，在普惠金融关注度不断提高的现实背景下，文化信仰因素与普惠金融发展之间存在怎样的关系？上章建立的文化信仰因素影响普惠金融发展的理论渠道是否真实存在？本章正是基于这一研究角度，运用中国家庭金融调查微观数据，系统考察中国家庭金融服务包容性的影响因素，并检验文化信仰因素影响普惠金融发展的中介效应的存在性。

3.2 数据样本与变量分析

3.2.1 数据样本

本研究所使用的数据来自 2013 年西南财经大学在全国范围内开展的中国家庭金融调查项目，该调查项目覆盖了全国 29 个省 262 个县 1048 个社区，共有 28143 个家庭样本。调查问卷中包含家庭资产与负债、保险与保障、支出与收入等内容。为了控制样本质量，按照受访者的配合程度，剔除了不太配合、刚开始配合后来就不太配合以及刚开始不太配合后来开始配合的样本，共保留样本数目 26867 个。

3.2.2 变量选取

本研究所选取的变量均来自调查问卷的有关问题。关注的被解释变量：普惠金融又称包容性金融，强调正规金融服务的可获得性。正规金融服务种类繁多，从基本的储蓄业务到贷款，再到正规金融机构提供的股票、基金等理财投资业务。从居民微观视角出发，普惠金融指居民家庭对各类型正规金融服务的参与。基于此，为了从微观视角对普惠金融进行较全面的分析，本章从正规金融机构储蓄业务包容性、贷款业务包容性以及投资业务包容性三个角度来测度普惠金融。储蓄业务包容性（inclu_ saving），当居民家庭参与了正规金融机构的存款业务时（包括活期存款与定期存款），赋值为1，否则为0；贷款业务包容性（inclu_ loan），当居民家庭有参与正规金融提供的包括住房贷款、生产性贷款、汽车贷款以及教育贷款的其中任何一项贷款时，赋值为1，否则为0；投资业务包容性（inclu_ invest），当居民家庭有参与包括股票、债券、基金、衍生品以及金融理财产品其中任何一项由正规金融机构提供的投资业务时，赋值为1，否则为0。需要说明的是，由于我们考察的金融包容性是指调查当时居民家庭是否参与相应的金融服务，如果被调查家庭本身能够被金融服务体系所覆盖而且也较容易获取到金融服务，但由于自身因素使得其在当下对相应的金融服务并没有实际需求，这样的家庭被排除在我们的金融包容性测试指标之外。因此，我们对普惠金融（金融包容性）的测度可能存在低估的状况。

　　本研究关注的主要解释变量：文化信仰因素（religious），最直观反映居民家庭文化信仰因素的就是家庭成员的宗教信仰，选取家庭中最了解家庭财务状况的成员的宗教信仰作为衡量指标，这里我们仅将文化信仰区分为有特定宗教文化信仰与无宗教文化信仰，当有宗教信仰时取值为1，否则为0。需要说明的是，是否有宗教信仰只是衡量家庭文化信仰因素的众多维度之一，能反映家庭文化信仰因素的变量还包括参加宗教活动频率、家庭所处的社会宗教环境等。限于数据来源的约束，本研究所选取的文化信仰因素指标可以说是宗教文化因素的一种弱化指标，所得结论可能会低估文化信仰因素的实际作用，但这一研究至少提供了文化信仰影响的下限估计，为今后的进一步研究提供参考。

　　家庭收入特征变量：家庭财富分为流动性财富与固定性财富。流动性财富用家庭总收入（total_ income）表示，这里的收入包括家庭成员的全部货币工资收入、生产经营项目收入与利息收入。货币工资收入，包括实收税后货币工资、税后资金收入与税后补贴收入。收入均为上一年的相应收入，一定程度上可以减轻内生性问题。固定性财富用家庭净资产（net_ as-set）表示。我们对家庭总收入与家庭净资产进行了前后1%的缩尾处理，分别命名缩尾后的变量为 wtotal_ income、wnet_ asset。考虑到中国家庭的收入主要用于教育、养老与买房,自有房产能较好地反映家庭的财富状况,因而引入是否拥有自有房产(have_ house)这一变量反映家庭财富特征。此外还引入是否从事个体工商业(in_ business)这一虚拟变量来反映家庭收入特征。

家庭成员主观金融意识:家庭的金融决策是一个复杂的过程,在做决定之前,首先需要花费大量的时间和精力搜寻相关信息,而金融知识的掌握在信息分析与筛选过程中具有重要的作用(尹志超等,2014)。中国家庭金融调查项目在 2013 年的调查问卷中设计了 3 个测度受访者金融知识水平的问题,包括利率计算、通货膨胀与投资风险。关于金融知识的衡量可以依据回答问题正确的个数(Agnew & Szykman,2005;Guiso & Jappelli,2008),回答问题正确的个数占比(Chen & Volpe,1998),或者采用因子分析法(Van Rooij 等,2011;尹志超等,2014、2015)。由于前两种方法的设定没有考虑各问题的重要性排序,是以所有问题同等重要为前提的。因而我们参照尹志超等(2014)文献中的做法,采用因子分析法构建了金融知识指标(fina_ knowledge)用于衡量家庭金融知识水平。

我们采用风险规避程度来衡量风险态度(risk_ attitude),取值越大代表居民的风险厌恶程度越高,为正表示居民是风险厌恶的,为负表示喜好风险。赋值为 0 表示风险中性,依据问卷问题,取值包括 -2、-1、0、1、2。

对金融机构的认同(finace_ approve),在假设获取借款渠道不受约束的情况下,选择从银行借款的取值为 1,否则为 0。

其他控制变量:

受访者(最了解家庭财务状况)个人特征:包括性别、年龄、婚姻状况以及受教育程度。性别记作 male,男性赋值为 1,女性为 0。居民年龄(age),由于年龄对金融行为的影响是非线性的(李涛,2010),所以引入年龄的平方项 age_ sq。婚姻状况(married),已婚记为 1,其他为 0。受教育程度记为 educate_ year，对应着受教育年限。[1]

家庭社会网络：家庭成员个数 population；受访者政治面貌（party_ member），有加入政党的取值为 1，共青团员与其他取值为 0；兄弟姐妹个数（brothers_ sisters）以及居住在同一城市的亲戚个数（relative）。

地区特征：采用家庭住所到县/市中心所需时间（minute）反映家庭住所交通情况，取值越大代表交通便利程度越低。此外，还引入了 rural，城镇取 0，农村取 1；小区整体经济环境（enviro_ econ），取值从 1 至 10 取值越大代表越富裕；东部（east）与中部（west）地区特征变量。

3.3.3 变量统计分析

表 3-1 绘制了主要变量的统计分析结果。统计分析结果显示，中国居民家庭储蓄业务参与率为 63.7%，贷款业务与投资业务参与率分别只有 14.3% 和 11.5%。从数据统计分析结果来看，我国居民家庭的金融包容性是非常低的，贷款与投资业务参与比例低于 15%；更令人震惊的是，即使是最基本的储蓄业务，仍然有 36.3% 的家庭没有被覆盖。家庭核心成员（最了解家庭财务状况的家庭成员）有特定文化信仰的比例为 10.6%。家庭平均年收入 3.51 万元左右，家庭净资产均值为 46.13 万元，有从事个体工商业的家庭占比 14.1%，有 67.6% 的家庭拥有自有住房，但同时也表示仍有 32.4% 的家庭没有自有住房。家庭核心成员平均年龄 50 岁左右；男女性别比例接近 5.36∶4.64，这一定程度上也显示了女性家庭地位的提升；超过 80% 家庭处于已婚状态；平均受教育年限约 9.18 年。样本家庭城乡比例为 6.76∶3.24，东中西部地区家庭比例为 4.59∶3.06∶2.35，调研人员对小区经济环境评价均值为 5.24。

---

❶ 小学取 6 年；初中取 9 年；高中取 12 年；中专/职高取 12 年；大专 15 年；本科 16 年；研究生 19 年，博士 23 年。

表 3 - 1　各变量的统计描述

变量类别	变量名称	缩写	样本数	均值	标准差	最小值	最大值
普惠金融	储蓄业务包容性	inclu_ saving	26867	0.637	0.481	0	1
	贷款业务包容性	inclu_ loan	26867	0.143	0.350	0	1
	投资业务包容性	inclu_ invest	26867	0.115	0.319	0	1
文化	文化信仰	religious	26867	0.106	0.308	0	1
家庭财富特征	家庭总收入	wtotal_ income	26867	3.506	5.348	-1	32
	家庭净资产	wnet_ asset	26867	46.13	81.05	-6.616	466.6
	工商业行为特征	in_ business	26867	0.141	0.348	0	1
	自有房产	have_ house	26867	0.676	0.468	0	1
家庭主观态度	金融知识水平	fina_ knowledge	26867	-0.0017	0.888	-0.887	1.374
	风险态度	risk_ attitude	26503	1.029	1.215	-2	2
	金融机构认同	finance_ approve	26867	0.192	0.394	0	1
家庭核心成员特征	年龄	age	26867	50.33	14.93	17	113
	性别	male	26866	0.536	0.499	0	1
	婚姻状况	married	26867	0.838	0.369	0	1
	受教育程度	educate_ year	26867	9.182	4.367	0	23
家庭社会网络	政治面貌	party_ member	26863	0.153	0.360	0	1
	兄弟姐妹个数	brothres_ sisters	26842	3.008	1.939	0	16
	家庭成员个数	population	26865	3.482	1.634	1	19
	同城亲戚个数	relative	26855	2.786	1.144	1	4
家庭住所地区特征	住所距市区时间	minute	26812	34.67	35.70	0	609
	东部地区	east	26867	0.459	0.498	0	1
	中部地区	middle	26867	0.306	0.461	0	1
	是否为农村地区	rural	26867	0.324	0.468	0	1
	整体经济环境	enviro_ econ	26786	5.236	1.686	1	10

此外,居民金融服务的参与呈现出从初级金融服务到更复杂的金融产品的层次结构(Harrison,1994)。因此,作为居民家庭获取其他正规金融服务的基础,储蓄业务(包括活期存款与定期存款)是家庭参与金融服务的基本形式,家庭以此为基础参与其他的金融服务。但是储蓄对贷款的影响是不确定的,一方面,参与储蓄业务的家庭有一定的资产作为基础,同

时与金融机构建立了一定的业务往来，这样的家庭更容易获取金融机构提供的贷款业务；但另一方面，有储蓄存款的家庭其贷款需求相对较少，真正需要贷款的家庭反而是没有储蓄存款业务的家庭。依据居民家庭是否参与储蓄金融服务，将总样本细分为两个子样本，两个子样本的均值统计结果如表 3-2 所示。进一步比较两个子样本均值状况，可以发现有参与储蓄业务的家庭在贷款与投资业务方面的参与比例明显较高，其中投资参与情况差距较大。有参与储蓄业务的家庭投资参与比例为 16.7%，而在没有参与储蓄业务的家庭中投资参与比例只有 2.44%。此外，从统计数据可以看出，有参与储蓄业务的家庭的收入水平、净资产状况要优于被储蓄业务排斥在外的家庭。有参与储蓄业务的家庭住所距市/县中心平均需要 29.41 分钟，而被排斥在储蓄业务之外家庭平均需要 43.90 分钟，这也表明金融普惠度与地区交通状况显著相关，家庭住所的交通状况直接影响了居民家庭金融服务的可得性。

表 3-2　以储蓄包容性为标准进行分类的主要变量统计分析情况

变量	未参与储蓄金融服务			有参与储蓄金融服务		
	样本数	均值	标准差	样本数	均值	标准差
inclu_ saving	9753	0	0	17114	1	0
inclu_ loan	9753	0.127	0.333	17114	0.151	0.358
inclu_ invest	9753	0.0244	0.154	17114	0.167	0.373
religious	9753	0.124	0.329	17114	0.0963	0.295
wtotal_ income	9753	2.045	3.384	17114	4.338	6.039
wnet_ asset	9753	21.08	47.81	17114	60.41	91.92
in_ business	9753	0.109	0.312	17114	0.159	0.366
have_ house	9753	0.677	0.468	17114	0.676	0.468
fina_ knowledge	9753	-0.308	0.740	17114	0.173	0.918
risk_ attitude	9512	1.206	1.193	16991	0.930	1.216
finance_ approve	9753	0.165	0.371	17114	0.207	0.405
age	9753	52.80	14.13	17114	48.93	15.19

续表

变量	未参与储蓄金融服务			有参与储蓄金融服务		
	样本数	均值	标准差	样本数	均值	标准差
male	9752	0.526	0.499	17114	0.542	0.498
married	9753	0.826	0.379	17114	0.845	0.362
educate year	9753	7.103	4.150	17114	10.37	4.032
party_ member	9750	0.0857	0.280	17113	0.192	0.394
brothres_ sisters	9746	3.307	1.969	17096	2.838	1.902
population	9751	3.654	1.791	17114	3.385	1.529
relative	9747	2.686	1.160	17108	2.843	1.131
minute	9737	43.90	42.85	17075	29.41	29.63
east	9753	0.352	0.478	17114	0.520	0.500
middle	9753	0.384	0.486	17114	0.262	0.440
rural	9753	0.495	0.500	17114	0.226	0.418
enviro_ econ	6732	4.739	1.645	17054	5.520	1.643

注：表中变量含义如表3-1所示。

3.3 金融包容性影响因素回归分析

针对居民家庭在正规金融服务机构提供的储蓄、贷款与投资等金融服务参与情况，我们分别检验了家庭主观特点包括财富特征、主观认识态度，与家庭客观特点包括核心成员主体特征及地区特征等因素对各类金融服务包容性的影响，表3-3、表3-4、表3-5给出了相应的回归结果。研究家庭金融行为面临的一个问题是影响因素的内生性，特别是家庭收入、家庭对金融服务的认识与态度很可能内生于家庭金融的参与行为，本研究选取上一年的收入代表家庭收入水平，这在一定程度上削弱了内生性问题。同时，要深入研究家庭金融行为和影响因素之间的因果关系，需要建立在对各种影响因素认识的基础之上。因此，本研究的贡献在于以家庭微观层面数据为基础，探讨一系列外生影响因素与家庭金融包容性之间的因果关系，以及可能的内生影响因素与家庭包容性之间的相关关系，并将关注宗教因素在其中所能起到的作用。鉴于我们所使用的被解释变量为虚拟变量，因而回归均采用 Probit 回归模型。此外，为了便于解释，回归分析结果报告的均为各解释变量对金融包容性影响的边际效用。

表 3 - 3　储蓄包容性影响因素的 Probit 回归模型结果

变量	(1)	(2)	(3)	(4)
	inclu_ saving	inclu_ saving	inclu_ saving	inclu_ saving
religious	− 0. 0782 ***			− 0. 0844 ***
	(− 2. 89)			(− 3. 04)
age	− 0. 0177 ***	− 0. 0197 ***	− 0. 0178 ***	− 0. 0210 ***
	(− 4. 70)	(− 5. 20)	(− 4. 62)	(− 5. 41)
age_ sq	0. 000168 ***	0. 000193 ***	0. 000185 ***	0. 000216 ***
	(4. 68)	(5. 36)	(5. 04)	(5. 88)
male	0. 0172	0. 0342 *	0. 0159	0. 0277
	(0. 98)	(1. 92)	(0. 89)	(1. 53)
married	0. 193 ***	0. 194 ***	0. 198 ***	0. 193 ***
	(7. 67)	(7. 67)	(7. 74)	(7. 55)
educate_ year	0. 0814 ***	0. 0705 ***	0. 0719 ***	0. 0625 ***
	(31. 51)	(26. 64)	(26. 92)	(22. 88)
party_ member	0. 205 ***	0. 185 ***	0. 187 ***	0. 167 ***
	(7. 60)	(6. 68)	(6. 81)	(5. 95)
boothres_ sisters	− 0. 0207 ***	− 0. 0157 ***	− 0. 0188 ***	− 0. 0138 ***
	(− 4. 32)	(− 3. 28)	(− 3. 88)	(− 2. 86)
population	− 0. 0162 ***	− 0. 0356 ***	− 0. 0117 **	− 0. 0304 ***
	(− 2. 92)	(− 6. 16)	(− 2. 09)	(− 5. 20)
relative	0. 0520 ***	0. 0441 ***	0. 0478 ***	0. 0428 ***
	(6. 97)	(5. 84)	(6. 33)	(5. 60)
minute	− 0. 00170 ***	− 0. 00173 ***	− 0. 00169 ***	− 0. 00174 ***
	(− 6. 51)	(− 6. 60)	(− 6. 39)	(− 6. 56)

变量	(1) inclu_ saving	(2) inclu_ saving	(3) inclu_ saving	(4) inclu_ saving
east	0. 155 ***	0. 101 ***	0. 158 ***	0. 105 ***
	(7. 09)	(4. 54)	(7. 15)	(4. 66)
middle	− 0. 193 ***	− 0. 189 ***	− 0. 184 ***	− 0. 188 ***
	(− 8. 48)	(− 8. 24)	(− 8. 03)	(− 8. 09)
rural	− 0. 292 ***	− 0. 225 ***	− 0. 256 ***	− 0. 200 ***
	(− 13. 75)	(− 10. 37)	(− 11. 86)	(− 9. 10)
wtotal_ income		0. 0302 ***		0. 0280 ***
		(10. 59)		(9. 84)
enviro_ econ	0. 0626 ***	0. 0385 ***	0. 0554 ***	0. 0350 ***
	(11. 39)	(6. 77)	(9. 92)	(6. 08)
wnet_ asset		0. 00219 ***		0. 00200 ***
		(10. 42)		(9. 57)
in_ business		0. 102 ***		0. 0953 ***
		(3. 87)		(3. 59)
have_ house		− 0. 105 ***		− 0. 0859 ***
		(− 5. 42)		(− 4. 35)
fina_ knowledge			0. 156 ***	0. 132 ***
			(14. 33)	(11. 90)
risk_ attitude			− 0. 0231 ***	− 0. 0128
			(− 2. 96)	(− 1. 63)
finance_ approve			0. 113 ***	0. 108 ***
			(5. 13)	(4. 80)
cons	− 0. 318 ***	− 0. 119	− 0. 254 **	− 0. 0356
	(− 3. 18)	(− 1. 17)	(− 2. 52)	(− 0. 34)
N	26740	26740	26386	26386
Pseudo R^2	0. 142	0. 156	0. 148	0. 161

注：*、**、***分别表示10%、5%、1%的显著水平，括号内相应系数对应的T统计量，表中报告的是估计的边际效应；表中变量含义如表3-1所示。

表3-4 贷款包容性影响因素的 Probit 回归模型结果

变量	(1) inclu_loan	(2) inclu_loan	(3) inclu_loan	(4) inclu_loan	(5) inclu_loan	(6) inclu_loan	(7) inclu_loan	(8) inclu_loan
religious	0.0714**	0.0697**					0.0191	0.0151
	(2.19)	(2.13)					(0.56)	(0.44)
age	0.0261***	0.0258***	0.0229***	0.0222***	0.0283***	0.0278***	0.0247***	0.0238***
	(4.55)	(4.49)	(3.97)	(3.85)	(4.90)	(4.81)	(4.22)	(4.07)
age_sq	-0.00044***	-0.00044***	-0.00039***	-0.00039***	-0.00045***	-0.00045***	-0.00041***	-0.00040***
	(-7.41)	(-7.34)	(-6.57)	(-6.45)	(-7.47)	(-7.37)	(-6.65)	(-6.49)
male	0.0251	0.0257	0.0168	0.0182	0.00844	0.00919	0.00600	0.00723
	(1.21)	(1.24)	(0.79)	(0.86)	(0.40)	(0.44)	(0.28)	(0.34)
married	0.159***	0.163***	0.142***	0.149***	0.162***	0.167***	0.147***	0.154***
	(4.66)	(4.77)	(4.10)	(4.29)	(4.70)	(4.84)	(4.17)	(4.38)
educate_year	0.0469***	0.0485***	0.0336***	0.0360***	0.0406***	0.0425***	0.0301***	0.0325***
	(14.10)	(14.31)	(9.73)	(10.30)	(11.71)	(12.10)	(8.37)	(8.97)
party_member	0.0746**	0.0772***	0.0711**	0.0754**	0.0614**	0.0645**	0.0620**	0.0662**
	(2.54)	(2.62)	(2.35)	(2.49)	(2.07)	(2.17)	(2.04)	(2.17)
brothres_sisters	0.00994*	0.00941	0.0139**	0.0131**	0.0122**	0.0116*	0.0152**	0.0144**
	(1.65)	(1.56)	(2.26)	(2.13)	(2.01)	(1.90)	(2.47)	(2.33)

续表

变量	(1) inclu_ loan	(2) inclu_ loan	(3) inclu_ loan	(4) inclu_ loan	(5) inclu_ loan	(6) inclu_ loan	(7) inclu_ loan	(8) inclu_ loan
population	0.0550***	0.0545***	0.0334***	0.0323***	0.0567***	0.0563***	0.0336***	0.0325***
	(8.24)	(8.18)	(4.77)	(4.62)	(8.41)	(8.36)	(4.73)	(4.59)
relative	-0.0268***	-0.0257***	-0.0369***	-0.0350***	-0.0276***	-0.0262***	-0.0375***	-0.0355***
	(-3.03)	(-2.90)	(-4.07)	(-3.86)	(-3.09)	(-2.93)	(-4.11)	(-3.89)
minute	0.000859***	0.000813**	0.00104***	0.000958***	0.000902***	0.000839***	0.00109***	0.000992***
	(2.67)	(2.53)	(3.18)	(2.92)	(2.77)	(2.58)	(3.29)	(3.00)
east	-0.335***	-0.332***	-0.342***	-0.338***	-0.338***	-0.334***	-0.335***	-0.330***
	(-13.68)	(-13.54)	(-13.37)	(-13.19)	(-13.71)	(-13.52)	(-12.95)	(-12.75)
middle	-0.344***	-0.347***	-0.256***	-0.262***	-0.343***	-0.348***	-0.248***	-0.255***
	(-12.85)	(-12.96)	(-9.34)	(-9.57)	(-12.79)	(-12.95)	(-8.97)	(-9.23)
rural	0.148***	0.141***	0.198***	0.188***	0.155***	0.148***	0.192***	0.183***
	(5.51)	(5.26)	(7.07)	(6.74)	(5.67)	(5.40)	(6.77)	(6.44)
enviro_ econ	0.0658***	0.0670***	0.0382***	0.0396***	0.0619***	0.0633***	0.0361***	0.0375***
	(10.00)	(10.15)	(5.58)	(5.77)	(9.32)	(9.50)	(5.22)	(5.41)
inclu_ saving		-0.0606***		-0.108***		-0.0835***		-0.124***
		(-2.66)		(-4.57)		(-3.62)		(-5.20)
wtotal_ income			0.0237***	0.0242***			0.0226***	0.0231***
			(12.00)	(12.22)			(11.38)	(11.62)

变量	(1) inclu_loan	(2) inclu_loan	(3) inclu_loan	(4) inclu_loan	(5) inclu_loan	(6) inclu_loan	(7) inclu_loan	(8) inclu_loan
wnet_asset			0.000843***	0.000876***			0.000793***	0.000826***
			(6.00)	(6.22)			(5.60)	(5.82)
in_business			0.388***	0.393***			0.376***	0.382***
			(14.18)	(14.36)			(13.66)	(13.86)
have_house			0.515***	0.512***			0.539***	0.537***
			(19.61)	(19.50)			(20.07)	(19.97)
fina_knowledge					0.0535***	0.0575***	0.0258**	0.0310**
					(4.33)	(4.63)	(2.01)	(2.40)
risk_attitude					-0.0580***	-0.0586***	-0.0408***	-0.0415***
					(-6.84)	(-6.92)	(-4.61)	(-4.70)
finance_approve					0.0491**	0.0521**	0.143***	0.147***
					(1.99)	(2.11)	(5.55)	(5.70)
cons	-2.184***	-2.158***	-2.394***	-2.342***	-2.146***	-2.108***	-2.416***	-2.353***
	(-15.95)	(-15.74)	(-17.18)	(-16.76)	(-15.61)	(-15.30)	(-17.06)	(-16.56)
N	26740	26740	26740	26740	26386	26386	26386	26386
PseudoR²	0.0828	0.0831	0.128	0.129	0.0863	0.0869	0.131	0.132

注：*、**、*** 分别表示 10%、5%、1% 的显著水平，括号内相应系数对应的 T 统计量，表中报告的是估计的边际效应；表中变量含义如表 3-1 所示。

表 3-5 投资包容性影响因素的 Probit 回归模型结果

变量	(1) inclu_invest	(2) inclu_invest	(3) inclu_invest	(4) inclu_invest	(5) inclu_invest	(6) inclu_invest	(7) inclu_invest	(8) inclu_invest
religious	0.0458 (1.14)	0.0608 (1.48)					0.0167 (0.39)	0.0298 (0.68)
age	0.0880*** (15.05)	0.0923*** (15.57)	0.0796*** (13.62)	0.0835*** (14.09)	0.0938*** (15.54)	0.0975*** (16.01)	0.0856*** (14.16)	0.0891*** (14.60)
age_sq	-0.00079*** (-13.85)	-0.00083*** (-14.38)	-0.00071*** (-12.61)	-0.00075*** (-13.09)	-0.00076*** (-13.09)	-0.00080*** (-13.59)	-0.00070*** (-12.04)	-0.00074*** (-12.51)
male	-0.111*** (-4.57)	-0.113*** (-4.60)	-0.0944*** (-3.80)	-0.0967*** (-3.85)	-0.172*** (-6.77)	-0.175*** (-6.82)	-0.148*** (-5.71)	-0.150*** (-5.75)
married	0.106*** (2.82)	0.0808** (2.13)	0.0998*** (2.65)	0.0771** (2.02)	0.106*** (2.74)	0.0816** (2.09)	0.106*** (2.74)	0.0849** (2.17)
educate_year	0.131*** (30.66)	0.122*** (27.87)	0.103*** (23.89)	0.0954*** (21.72)	0.103*** (23.14)	0.0958*** (21.11)	0.0795*** (17.70)	0.0739*** (16.15)
party_member	0.0907*** (2.89)	0.0730** (2.31)	0.0840*** (2.61)	0.0686** (2.12)	0.0732** (2.26)	0.0588* (1.80)	0.0676** (2.03)	0.0560* (1.68)
brothres_sisters	-0.0440*** (-5.87)	-0.0415*** (-5.45)	-0.0310*** (-4.12)	-0.0291*** (-3.81)	-0.0438*** (-5.66)	-0.0415*** (-5.30)	-0.0319*** (-4.09)	-0.0303*** (-3.84)
population	-0.0328***	-0.0298***	-0.0589***	-0.0550***	-0.0170*	-0.0146	-0.0391***	-0.0357***

变量	(1) inclu_invest	(2) inclu_invest	(3) inclu_invest	(4) inclu_invest	(5) inclu_invest	(6) inclu_invest	(7) inclu_invest	(8) inclu_invest
	(-3.53)	(-3.14)	(-6.04)	(-5.54)	(-1.77)	(-1.49)	(-3.91)	(-3.53)
relative	0.0667***	0.0592***	0.0596***	0.0533***	0.0541***	0.0478***	0.0486***	0.0430***
	(6.28)	(5.50)	(5.47)	(4.84)	(4.87)	(4.26)	(4.29)	(3.76)
minute	-0.00166***	-0.00156***	-0.00224***	-0.00215***	-0.00150***	-0.00141**	-0.00203***	-0.00194***
	(-3.08)	(-2.80)	(-4.03)	(-3.75)	(-2.79)	(-2.54)	(-3.67)	(-3.41)
east	0.290***	0.262***	0.118***	0.0977***	0.301***	0.276***	0.137***	0.120***
	(9.10)	(8.09)	(3.56)	(2.92)	(9.04)	(8.19)	(3.98)	(3.44)
middle	-0.0689*	-0.0596	-0.0825**	-0.0752**	-0.0391	-0.0310	-0.0586	-0.0514
	(-1.84)	(-1.56)	(-2.19)	(-1.97)	(-1.00)	(-0.78)	(-1.49)	(-1.29)
rural	-0.857***	-0.812***	-0.740***	-0.703***	-0.794***	-0.753***	-0.693***	-0.659***
	(-16.29)	(-15.00)	(-14.08)	(-13.05)	(-14.26)	(-13.23)	(-12.50)	(-11.66)
enviro_econ	0.0917***	0.0863***	0.0470***	0.0439***	0.0778***	0.0738***	0.0385***	0.0364***
	(11.70)	(10.85)	(5.79)	(5.34)	(9.69)	(9.09)	(4.64)	(4.34)
inclu_saving		0.596***		0.524***		0.544***		0.482***
		(16.74)		(14.54)		(14.54)		(12.80)
wtotal_income			0.0214***	0.0198***			0.0179***	0.0166***
			(9.86)	(9.16)			(8.15)	(7.56)

变量	(1) inclu_invest	(2) inclu_invest	(3) inclu_invest	(4) inclu_invest	(5) inclu_invest	(6) inclu_invest	(7) inclu_invest	(8) inclu_invest
wnet_asset			0.00292***	0.00281***			0.00268***	0.00258***
			(20.17)	(19.35)			(18.12)	(17.43)
in_business			-0.0765**	-0.0821**			-0.137***	-0.142***
			(-2.15)	(-2.29)			(-3.66)	(-3.75)
have_house			-0.216***	-0.209***			-0.210***	-0.203***
			(-7.78)	(-7.44)			(-7.16)	(-6.87)
fina_knowledge					0.348***	0.334***	0.325***	0.313***
					(24.40)	(23.11)	(22.33)	(21.28)
risk_attitude					-0.187***	-0.186***	-0.174***	-0.175***
					(-18.36)	(-17.91)	(-16.72)	(-16.40)
finance_approve					0.0200	0.0106	0.000314	-0.00778
					(0.67)	(0.35)	(0.01)	(-0.25)
cons	-5.386***	-5.793***	-4.574***	-4.945***	-5.318***	-5.698***	-4.565***	-4.919***
	(-32.52)	(-34.13)	(-27.78)	(-29.31)	(-31.37)	(-32.96)	(-26.85)	(-28.40)
N	26740	26740	26740	26740	26386	26386	26386	26386
Pseudo R^2	0.244	0.261	0.283	0.296	0.294	0.307	0.324	0.333

注：*、**、***分别表示10%、5%、1%的显著水平，括号内相应系数对应的 T 统计量，表中报告的是估计的边际效应，表中变量含义如表 3 - 1 所示。

3.3.1 储蓄包容性影响因素分析

表 3 –3 汇报了在控制家庭主要成员个体特征、地区特征、家庭社会网络等因素的条件下，分别将宗教因素［列（1）］、家庭收入特征［列（2）］、家庭主观态度［列（3）］引入模型，以及引入所有变量［列（4）］对储蓄包容性影响的四组回归结果。结果显示：宗教文化信仰因素对储蓄包容性影响显著且为负向影响，这其中的原因，李涛（2010）指出中国人普遍信仰儒家文化，与其他宗教相比，儒家文化更强调节俭与储蓄，因而有宗教信仰家庭的储蓄活动参与会更低。文化信仰的这种负向影响效应还可以通过影响居民主观经济态度、金融认识，从而影响家庭的财富状况以及金融决策体现出来，这种中介影响效应将在下一部分进行具体讨论。居民年龄对储蓄活动包容性的影响呈先降后升的 U 形特点，转折点大约在 48 ~ 50 岁之间。家庭核心成员的性别对储蓄包容性不具有显著影响。在其他因素不变的条件下，婚姻使得家庭参与储蓄活动的可能性更高，居民从未婚变为已婚可使家庭参与储蓄活动的可能性增加 19.3%。受教育年限增加一年，家庭参与储蓄活动的可能性提升 6.25%。党员身份可以使家庭储蓄活动参与可能性提升 16.7%。家庭兄弟姐妹个数对家庭储蓄包容性状况具有显著的负向影响。代表地区特征的变量对储蓄包容性均具有显著影响。家庭住所距县/市中心距离越远，储蓄包容性水平越低。东部地区比西部、城市比农村储蓄包容性水平更高，同样小区经济状况越好，储蓄包容性水平也会越好。家庭收入水平与家庭净资产规模对储蓄包容性影响为正，从事个体工商业家庭参与储蓄的可能性更高。家庭拥有自有住房对储蓄的影响为负，这也反映出房产在中国家庭财富中的重要性，自有房产会挤出家庭对包括储蓄在内的其他资产的投资。家庭成员对金融机构的认同与金融知识均对储蓄包容性具有显著正向影响。

3.3.2 贷款包容性影响因素分析

鉴于储蓄业务的基础性，在对贷款业务包容性以及投资包容性影响因素进行分析时额外引入了储蓄包容性作为影响因素进行了分析。表3-4汇报了贷款包容性影响因素回归分析结果。文化信仰因素对贷款包容性具有一定的正向影响，但是在控制所有因素的条件下，这种影响并不显著。在其他因素不变的情况下，储蓄包容性对贷款包容性具有显著负向影响，家庭由没有储蓄变为有储蓄存款会使贷款的可能性降低12.4%。这与参与储蓄存款业务家庭贷款参与比例更高的事实似乎存在矛盾。事实上，这一情况体现了贷款业务开展过程中的供需矛盾问题。也就是金融机构似乎更愿意贷款给有一定财富积累的家庭，而真正需要贷款的反而是那些缺少财富积累的家庭。年龄对贷款包容性影响呈现先升后降的一种倒U形影响，年龄转折点大约在28~32岁之间，我们所统计的贷款主要包括房贷、车贷以及教育贷款，32岁之前的居民相关贷款需求较多。婚姻状况对贷款包容性具有显著正向影响，其他条件不变的情况下，从未婚变为已婚可使得贷款参与率提升15.4%。这一方面由于已婚家庭更高的收入水平以及更强的抗风险能力使得金融机构更愿意提供贷款，另一方面已婚家庭对房屋、汽车以及教育方面有更多的贷款需求。受教育年限对贷款包容性具有正向影响。家庭成员的党员身份会使其有更多资源获得金融机构的贷款。同时家庭成员、兄弟姐妹数量对贷款参与具有正向影响，家庭成员增加会减少家庭财富从而提升家庭的贷款需求。亲戚个数的增加会负向影响贷款包容性，这是由于当有贷款需求时，亲戚的增加增多了家庭的民间借贷渠道，从而减少对金融机构贷款的需求。家庭收入水平、净资产对贷款包容性具有正向作用，这也意味着更高的收入与更多的财富会使得家庭更容易获得金融机构提供的贷款。在其他条件不变的情况下，家庭从事个体工商业，以及家庭自有住房的拥有，会使得贷款包容性分别提升38.2%和53.7%。家庭金融知识的掌握，以及对金融机构的认同会对贷款包容性具有正向的作用。风险态度具有显著负向作用，意味着家庭成员越厌恶风险贷款活动的参与率会越低。

3.3.3 投资包容性影响因素分析

表3-5汇报了投资包容性影响因素分析结果。家庭社会网络、家庭财富特征、主观态度、户主个人特征以及地区特征等大部分变量对投资包容性具有与储蓄包容性影响相同的影响机制。婚姻对家庭投资金融活动参与的影响是正向的，已婚家庭成员具有更强的抵御外部风险的能力，提高了其社会信任水平，因而对金融机构投资业务的参与率也会更高。较高的受教育水平会增加居民认知风险的能力以及对金融服务的接受能力，进而提高家庭的投资包容性水平。

其中，在控制其他变量的情况下，文化信仰因素对投资包容性并不具有显著影响。年龄对投资包容性的影响呈现先上升后下降的倒U形，且年龄的转折点大约在55～62岁之间，这也意味着随着年龄的增大家庭会更规避风险，对衍生性金融产品的投资也会相应减少。年龄因素对不同金融服务的影响存在差异，金融机构在提供金融服务时，应针对不同年龄段的居民提供有差别的金融服务。与前两个回归分析结果不同，性别在这里具有显著影响，且男性相对女性投资参与可能性更低。这似乎与传统研究认为女性比男性具有更强风险规避倾向的结论不符。这可能与我们的投资品中包含了黄金等投资品有关。家庭从事工商业活动对投资参与具有负向影响。风险态度对投资包容性具有显著负向影响，对金融机构认同对投资包容性的影响并不显著。

3.4 文化信仰因素影响普惠金融的中介效应再分析

3.4.1 分组样本变量统计分析

在前述线性回归分析中，在控制其他变量的情况下，是否有文化信仰除了对家庭储蓄包容性具有一定的显著影响之外，对贷款包容性与投资包容性并不具有直接的显著影响。依据是否有宗教文化信仰，将样本分为有宗教信仰与无宗教信仰两个子样本绘制表 3 - 6，并对两组样本各变量均值差异显著性进行了检验。样本均值统计结果显示，有宗教信仰家庭在正规金融机构提供的储蓄与投资业务方面的参与程度显著偏低。有宗教信仰家庭的储蓄参与和投资参与比例分别为 57.7% 和 9.84%；明显低于无宗教信仰家庭 64.4%、11.7% 的比例。也就是说，在正规金融服务参与方面，有宗教文化信仰家庭仍属于弱势群体，参与比率相对较低。这种差异的显著存在性是可以通过宗教对普惠金融的间接影响效应来解释的。

表 3 - 6　以是否有宗教文化信仰为标准进行分类的主要变量统计分析情况

变量	无宗教文化信仰			有宗教文化信仰			差异显著性
	样本数	均值	标准差	样本数	均值	标准差	
Inclu_ saving	24011	0.644	0.479	2856	0.577	0.494	***
inclu_ loan	24011	0.142	0.349	2856	0.149	0.356	
inclu_ invest	24011	0.117	0.321	2856	0.0984	0.298	***
wtotal_ income	24011	3.554	5.346	2856	3.096	5.347	***
wnet_ asset	24011	46.02	81.05	2856	47.05	81.05	
in_ business	24011	0.137	0.343	2856	0.178	0.383	***
have_ house	24011	0.670	0.470	2856	0.725	0.446	***
fina_ knowledge	24011	0.00198	0.889	2856	- 0.0326	0.879	**
risk_ attitude	23724	1.031	1.214	2779	1.013	1.225	
finance_ approve	24011	0.192	0.394	2856	0.187	0.390	
age	24011	50.34	14.84	2856	50.29	15.65	
male	24010	0.548	0.498	2856	0.439	0.496	***
married	24011	0.844	0.363	2856	0.790	0.407	***
educate_ year	24011	9.324	4.309	2856	7.993	4.664	***
party_ member	24009	0.162	0.368	2854	0.0841	0.278	***
brothres_ sisters	23991	2.990	1.926	2851	3.164	2.038	***
population	24009	3.472	1.611	2856	3.568	1.817	***
relative	24002	2.776	1.143	2853	2.879	1.150	***
minute	23962	34.54	34.70	2850	35.81	43.14	*
east	24011	0.460	0.498	2856	0.452	0.498	

变量	无宗教文化信仰			有宗教文化信仰			差异显著性
	样本数	均值	标准差.	样本数	均值	标准差	
middle	24011	0.314	0.464	2856	0.243	0.429	***
west	24011	0.226	0.003	2856	0.306	0.009	***
rural	24011	0.321	0.467	2856	0.346	0.476	***
enviro_ econ	23938	5.244	1.679	2848	5.175	1.747	**

注：*、**、***分别表示10%、5%、1%的显著水平；表中变量含义如表3-1所示。

从均值的差异性来看，文化信仰家庭相对收入水平要更低，但是有更高比例的家庭从事个体工商业，这与阮荣平等（2014）所得出的有宗教信仰者创业概率更大的结论相一致。在宗教文化信仰的家庭中女性占比相对较高，受教育程度明显偏低，平均7.99年，低于无宗教信仰家庭9.32年的均值。文化信仰家庭有党员身份的占比较低，家庭人口及兄弟姐妹个数以及同城亲戚个数都较高。有文化信仰家庭住所到县/市中心所需时间平均相对较高，农村地区的宗教信仰家庭占比相对较高。这些结果显示，相对而言，女性、受教程度低的居民，以及地区经济发展水平较低的地区的民众选择宗教信仰的概率较高。

3.4.2 路径影响系数检验

事实上，作为一种文化因素，宗教文化信仰通过影响人们的经济意识与态度，从而对人们的经济行为产生一定导向作用。表3-6分析结果显示，文化信仰因素会影响家庭的财富特征、主观态度，从而影响普惠金融水平，这种影响路径如图3-1所示。

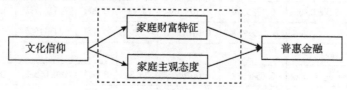

图3-1 文化信仰中介影响路径图

借助路径分析检验这种中介效应影响路径系数的显著性，剔除影响不显著的路径，最终分析结果如下图3-2所示。表3-7汇报了中介影响路径相关统计分析结果。

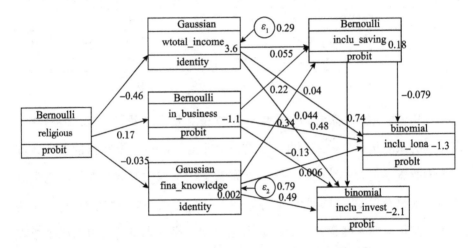

图3-2 文化信仰中介影响路径分析结果图

注：图中数据代表路径影响系数。

表3-7 文化信仰中介影响路径统计分析结果

	影响系数	标准差	z	P>丨z丨	[95%置信区间]	
wtotal_ income < -						
religious	-0.4578929	0.1058159	-4.33	0.000	-0.665288	-0.2504977
_ cons	3.554353	0.0345001	103.02	0.000	3.486734	3.621972
fina_ knowledge < -						
religious	-0.0346206	0.0175836	-1.97	0.049	-0.069084	-0.0001573
_ cons	0.0019823	0.0057329	0.35	0.730	-0.009254	0.0132187
in_ business < -						
religious	0.1735396	0.029269	5.93	0.000	0.1161735	0.2309058
_ cons	-1.095704	0.0101256	-108.21	0.000	-1.11555	-1.075859
inclu_ saving < -						
wtotal_ income	0.0546838	0.0020565	26.59	0.000	0.0506532	0.0587144
fina_ knowledge	0.3417278	0.0097309	35.12	0.000	0.3226555	0.3608
in_ business	0.2159859	0.0240265	8.99	0.000	0.1688949	0.2630769

	影响系数	标准差	z	P>|z|	[95% 置信区间]	
_ cons	0.179258	0.0106048	16.9	0.000	0.1584729	0.200043
inclu_ loan < -						
wtotal_ income	0.0404507	0.0016403	24.66	0.000	0.0372358	0.0436655
fina_ knowledge	0.0959885	0.0113325	8.47	0.000	0.0737771	0.1181999
in_ business	0.4766182	0.0250569	19.02	0.000	0.4275077	0.5257288
inclu_ saving	− 0.0794741	0.0215495	− 3.69	0.000	− 0.12171	− 0.0372379
_ cons	− 1.272971	0.0177648	− 71.66	0.000	− 1.307789	− 1.238153
inclu_ invest < -						
wtotal_ income	0.043899	0.001704	25.76	0.000	0.0405592	0.0472388
fina_ knowledge	0.4877649	0.0131179	37.18	0.000	0.4620543	0.5134755
in_ business	− 0.1317212	0.0323095	− 4.08	0.000	− 0.195047	− 0.0683957
inclu_ saving	0.7370936	0.0329256	22.39	0.000	0.6725605	0.8016266
_ cons	− 2.108382	0.031193	− 67.59	0.000	− 2.169519	− 2.047245
var（e. wtotal_ income)	28.57925	0.2465791			28.10003	29.06664
var（e. fina_ knowledge)	0.7891623	0.0068088			0.7759295	0.8026208

注：表中箭头指向的是结果变量，箭头下方代表的是原因变量；表中变量含义如表 3 - 1 所示。

统计分析结果显示，文化信仰因素对家庭总收入具有显著的负向影响，家庭收入水平对储蓄包容性、贷款包容性以及投资包容性均具有正向作用。即文化信仰因素通过家庭收入渠道对普惠金融发展的影响是负向的。文化信仰对家庭从事个体工商业具有正向的作用，家庭个体工商业行为对储蓄包容性与贷款包容的影响为正，对投资包容性的影响为负。文化信仰因素对家庭金融知识的掌握具有显著的负向影响，而金融知识对储蓄包容性、贷款包容性与投资包容性的影响是正向的，也就是说文化信仰因素通过金融知识渠道对普惠金融的影响是负向的。文化信仰对金融知识的负向作用，可以用宗教信仰家庭平均受教育年限偏低的事实加以解释。

3.5 本章小结

我们的实证研究发现，家庭收入特征、家庭主观态度、户主特征、家庭社会网络以及地区特征等因素都显著影响金融包容性水平。地区经济与金融环境的改善、家庭财富的积累、收入的增加都会提升地区普惠金融发展程度。文化信仰因素除对储蓄包容性有显著影响之外，对贷款包容性、投资服务包容性并不具有显著直接影响。但是，文化信仰因素对家庭收入特征、主观态度有显著影响，并会通过影响这些因素间接作用于普惠金融发展。从家庭层面分析，除以上提到的渠道外，文化信仰因素还会通过影响人们的信用状况（李涛等，2008；Guiso 等，2003）、对现实状况的乐观程度等主观态度从而间接影响普惠金融的发展。由于数据库来源的限制，本研究只考察了宗教文化信仰因素通过影响家庭财富特征以及家庭主观金融认识作用于金融包容性的渠道，但至少证明了这种影响渠道的存在性，也可以说是文化信仰因素对普惠金融发展的影响渠道的一种下限论证。

总体来看，有宗教文化信仰家庭更低的收入水平，以及对金融知识更弱的掌握，使其在享用金融服务方面受到更多的排斥，金融包容性程度相对较低。本研究的政策含义在于，相对而言，有文化信仰家庭在享用正规金融机构提供的金融服务方面处于弱势地位，普惠金融发展对这部分群体应当给予一定重视与关注。

4 藏区文化信仰环境与
普惠金融指数测度

在中国西部欠发达藏民族聚集区，几乎全体民众都信仰藏传佛教，以藏传佛教文化为核心的价值观深入人心。几百年来，文化信仰因素在藏民族聚集区经济社会发展中起着决定性作用。即使在市场经济发展的今天，在藏区，文化信仰因素仍然通过影响人们的意识形态等渠道，作用于社会生活的方方面面。文化信仰因素在藏民族聚集区具有更强的影响力，在藏民族聚集区经济金融发展中起着至关重要的作用。因此，理解文化信仰因素对普惠金融发展的影响，有必要将西部欠发达藏民族聚集区作为一个独立样本来进行分析。本章将首先对藏区经济社会特征、文化信仰环境与普惠金融发展现状进行系统的描述。之后，通过构建普惠金融指数，以选定的148个县为研究对象，对西部欠发达地区普惠金融发展水平进行测度，并对测度结果进行系统评述。

4.1 藏区经济社会特征

4.1.1 藏区自然人文特征

4.1.1.1 地质地理特征

我们选定的西部欠发达地区主要是指藏族聚集区，位于青藏高原，包括西藏自治区，和青海、四川、甘肃、云南四省共 10 个藏族自治州，以及两个藏族自治县。自然资源丰富、生态环境脆弱是藏区主要的资源特征。藏区地处中国西南边陲，地势险峻，是通往南亚的重要门户，同时又是亚洲江河之源，具有重要的战略意义。包括西藏、青海、甘肃、四川与云南的藏族自治州，按照方言，习惯上可以分为卫藏、康巴、安多三个地区。"卫藏"包括以拉萨为中心向西辐射的大部分地区，是藏区的经济、政治、文化与宗教中心，具体又可分为前藏、后藏、阿里三块。其中，"前藏"指拉萨、山南地区，"后藏"指日喀则地区，"阿里"指整个藏北高原。"安多"是指念青唐古拉山至横断山以北的藏北、川西北、甘南、青海地区，该地区是万里无垠的大草原，盛产良马，以崇尚马、出良马而闻名。西藏昌都地区、云南迪庆地区、四川两个藏族自治州以及青海玉树属于"康巴"地区，康巴地区处于横断山区的大山大河夹峙之中，康巴地区以康巴人而闻名于世，康巴人的典型特征是彪悍神勇、恩怨分明。藏区有典：法域"卫藏"，马域"安多"，人域"康巴"。❶

中国藏区所在的青藏高原被称为"世界屋脊"，地质、地理全球独一无二，其主要地质特征体现在：地势高，高山多。藏区平均海拔在 4000 米以上，其中 77% 的地区处于海拔 4500 米以上，冰川覆盖面积达 4.7 万平方千米；湖泊多，河流多。由于雪山冰川的补给，藏区河流湖泊众多，水面面积 1 平方千米以上的湖泊就达 1091 个，湖泊总面积约 4 万平方千米，约占到全国湖泊总面积的一半以上。塔里木河、雅鲁藏布江、森格藏布河、澜沧江、怒江、黄河以及长江等都发源于此地；地形复杂，且宜居地较少，分布比较分散。藏区被山脉河流分割，形成山区、山原湖盆谷地、高原湖盆区与高山峡谷区四类地形。高山区气候干燥寒冷，主要为冰川苔原冻土，中低山区气候温和，森林茂密。河谷平地与湖盆谷地土质肥沃，为主要的

---

❶ 搜狐户外：《关于卫藏、康藏、前藏、后藏等名词地理所指》，2007 年 6 月 30 日，http：//outdoor. sohu. com。

农业区。高原湖盆区分布着大片草地，为主要的牧业区。高山峡谷区山势陡峻，地貌复杂；气候恶劣，灾害频发。总之，青藏高原以"高"为特点的地势地形是藏区地理的主要特征，并对地区经济发展起着决定性作用。高原地势使得广大藏区生产生活条件艰难，交通不便。恶劣的地质气候条件并不利于传统的经济发展模式。

表4-1 藏区人文地理环境特征

		行政区域面积（万平方千米）	全年平均气温（℃）	平均海拔（米）	常住人口（万人）	少数民族占比（%）	非农业人口占比（%）	人口密度（人/平方千米）	文盲率（%）
西藏	拉萨市	2.9518	7.4	3700	57.9	78.36	33.82	19.615	20.07
	昌都市	10.8872	2.4～12.6	3500	67.4	96.07	6.49	6.191	46.24
	日喀则市	18.2066	6.3	4000	71.7	96.33	11.93	3.938	35.16
	林芝市	11.3965	8.7	3000	20.1	82.67	17.8	1.764	27.11
	山南地区	7.9288	0～8.4	3700	33.5	94.41	10.91	4.225	23.55
	那曲地区	39.1817	-0.9～3.3	4500	47.4	97.19	8.78	1.210	34.84
	阿里地区	29.6823	0	4500	9.8	92.28	15.44	0.330	27.47
青海	海北州	3.439	-2.4～1.4	3654	28.6	64.12	21.67	8.316	11.38
	黄南州	1.8226	-0.9℃～8.5	—	26.1	93.92	16.25	14.320	30.28
	海南州	4.3453	4	3000	45	75.16	18.62	10.356	23.19
	果洛州	7.4246	-4	4200	18.6	93.43	12.42	2.505	16.62
	玉树州	20.2887	-0.8	4200	38.6	96.91	9.32	1.903	26.19
	海西州	30.0854	4	2700	49.7	33.99	40.32	1.652	7.15
甘肃	甘南州	3.6594	1.7	2960	69.32	61.3	19.28	18.943	17.89
四川	阿坝州	8.3016	—	—	90.67	75.44	19.87	10.922	12.39
	甘孜州	14.9599	-0.2～15.4	—	112.2	81.76	14.07	7.500	30.17
云南	迪庆州	2.3186	4.7～16.5	3380	40.5	81.66	12.35	17.467	13.19

注：作者依据公开信息资料整理，其中，文盲率指文盲人口占15岁及以上人口比重，人口密度为常住人口与行政区域面积比值，"—"表示公开资料未找到相应平均值。

4.1.1.2 人口

依据2010年第六次全国人口普查资料，中国藏区人口共841万人，人口密度为每平方千米3.66人，远小于全国平均每平方千米140人的人口密度。其中藏族人口622万人，占总人口的74%，其余人口包括汉族、蒙古族、回族、珞巴族、羌族、撒拉族、土族、纳西族、傈僳族等。四川、云南、甘肃藏区多民族杂居特色明显。西藏自治区藏族人口约占总人口的90.48%，约占全国藏族人口的40%以上。藏区人口分布的基本特征是人口密度小、分布不均衡，人口分布随海拔的递增而逐渐递减。人口大多分布在海拔较低的河谷平原与小块平坝地区。藏区主要以藏语为通用语言，卫藏、康巴、安多三大方言之间差别较大，难以沟通。依据第六次人口普查数据，西藏40.69%的藏族人不识字，且大部分藏族人不会讲汉语，语言障碍影响藏区经济文化的发展，进一步阻碍了藏区人民的脱贫致富。表4-1列出了藏区各地（市）的文盲率，最高文盲率达46.24%，最低也有7.15%，远高于全国平均4.08%的文盲率。

4.1.2 藏区制度环境特征

根据宪法，中国藏区作为少数民族聚集区实行民族区域自治制度。同中国其他地区一样，藏区的一切活动都是在中华人民共和国宪法框架之下进行。在中国藏区的正式制度包括宪法、法律法规、行政命令以及政府文件。此外，作为自治地区均有各自的自治条例和单行条例。纵观中央六次西藏工作座谈会以及国家制定的西藏工作的指导思想，发展与稳定一直是中央高度重视的问题，也是长期以来中央藏区工作的核心内容。为稳定边疆、促进经济发展，中央赋予藏区一系列特殊优惠政策。

4.1.2.1 经济社会发展特殊优惠政策

由于藏区经济社会发展起点低，地理环境恶劣，中央政府一直给予藏区各种优惠的特殊扶持政策。从1980年开始先后召开了六次西藏工作座谈会（如表4-2所示），为推动藏区经济社会发展先后确定了一系列特殊优惠政策。特别是第三次西藏工作座谈会以来，对口援藏工作的开展更是对西藏经济发展起到了重要推动作用。

表 4 - 2　藏区特殊优惠政策梳理

时间	具体政策
1980 年 3 月 14—15 日，第一次西藏工作座谈会	中央根据西藏的实际情况和国家的经济情况，加大了对西藏的援助，并相应制订了对于西藏的各种优惠政策。如年均定额补助增加到 4.96 亿元，各种专项拨款 0.9 亿元，基本建设投资 2.622 亿元；西藏 3 至 5 年内实行免征、免购政策；以 1980 年中央给西藏的财政补助为基数，从 1981 年起每年递增 10% 等。
1984 年 2 月—3 月，第二次西藏工作座谈会	党中央、国务院决定由北京、上海、天津、江苏、浙江、四川、广东、山东、福建 9 省市和水电部、农牧渔业部、国家建材局等有关部门帮助西藏建设 43 个近期迫切需要的中小型工程项目。
1994 年 7 月 20—23 日，第三次西藏工作座谈会	作出了中央各部门和 15 个省市"对口援藏、分片负责、定期轮换"的重大决策，并动员各省区市和中央、国家机关援助西藏建设了 62 个项目，开创了全国支援西藏的新局面。
2001 年 6 月 25—27 日，第四次西藏工作座谈会	会议强调要进一步加大对西藏的建设资金投入和实行优惠政策的力度，继续加强对口支援。在"十五"计划期间由国家直接投资 312 亿元，建设 117 个项目。确定各省市对口支援建设项目 70 个、总投资约 10.6 亿元。
2010 年 1 月 18—20 日，第五次西藏工作座谈会	继续保持中央对西藏特殊优惠政策的连续性和稳定性，要求 4 省藏区要切实把本省藏区工作摆在重要议事日程，同时加大政策支持力度，确保 4 省藏区到 2020 年实现全面建设小康。
2015 年 8 月 24—25 日，第六次西藏工作座谈会	提出党的治藏方略"六个必须"，以及"依法治藏、富民兴藏、长期建藏、凝聚人心、夯实基础"。

注：作者根据网络公开信息整理，主要参考中国西藏网 2015 年 8 月 26 日文章《六次西藏工作座谈会都谈了什么?》。

　　持续的财政补贴是中央一贯坚持的对西藏工作的主要政策之一。中央在第一次西藏工作座谈会便提出以 1980 年给予西藏的财政补助为基数，自 1981 年起每年增加 10% 的财政补贴。之后，中央一直对西藏实行"收入全留、补助递增、专项扶持"的特殊优惠政策。图 4 - 1 列出了 1980—2014 年西藏财政收入中国家财政补助收入与国家财政补助收入占地方公共财政支出的比重。其中仅就 2001—2014 年，国家财政补助总计就将近 6000 亿元，占同期西藏财政支出的 93% 以上。与此同时，各对口支援省市也给予了西藏一定的财政支持。

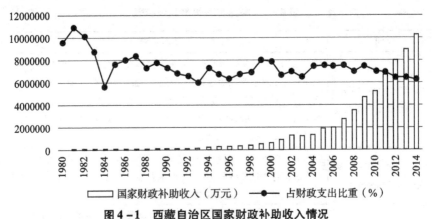

图 4 - 1　西藏自治区国家财政补助收入情况

注：图中数据来自《西藏统计年鉴 2015》，并经作者计算整理得到。

在给予大量财政扶持的同时，国家还在税收、民生等领域给予西藏自治区大量优惠政策。从 1994 年起，中央规定除关税、进口环节的消费税、增值税外，在西藏征收的其他各项税收全部留给西藏地方政府。第二、三、四次西藏工作座谈会所涉及的重点建设项目均为西藏重大基础设施与公共服务设施的建设。2005 年根据《中共中央国务院关于进一步做好西藏发展稳定工作的意见》，中央出台了"四十"条涉及西藏财政金融、投资融资、工资、产业建设、对外开放、社会保障、农牧业、科技、教育、文化、卫生和人才资源开发等多个领域的特殊优惠政策。国家在农牧区进行道路、水利、饮水、防灾减灾等工程建设，启动安居工程建设，并通过财政补贴等措施鼓励农牧民自建新房、配置家用电器等。同时，西藏的社会保障力度与范围在全国都是最大的，农牧民子女教育实行"三包"（包吃、包住、包学习用品）制度。

4.1.2.2　金融保险优惠政策

在金融保险领域，中央先后召开的六次西藏工作座谈会赋予西藏一系列包括优惠贷款利率、利差补贴、综合费用补贴等特殊的优惠金融政策。西藏各分行统一执行比全国水平低 2 个百分点的优惠贷款利率。商业银行因为执行优惠利率形成的利差损失由中国人民银行以贷款平均余额为基数，按季给予各商业银行西藏分行 2 个百分点的利差补贴。同时按贷款平均余额的 4% 给予农业银行西藏分行特殊费用补贴。❶ 保险方面，中国人民保险公司西藏分公司执行比全国统一费率低 20% 的费率政策，因此而造成的损失，由中国人民财产保险股份有限公司报财政部核定后予以补贴。2016 年 3 月人民银行联合银行会、保监会、证监会印发了《关于金融支持西藏经济社会发展的意见》，进一步确定 "十三五期间从货币政策、信贷政策、金融扶贫开发政策以及外汇管理政策等多方面给予西藏差异化的政策，鼓励与支持金融机构完善在西藏的组织布局，进一步加强对西藏基础设施、'三农'、小微企业、特色产业、生态环保等领域的金融支持和服务，支持西藏企业、金融机构通过多层次股权市场发展壮大、通过债券市场拓宽资金来源，支持保险机构根据西藏实际开展重点领域产品和服务创新，同时，进一步完善西藏支付、征信等金融基础设施建设，推进普惠金融发展。"❷

目前，没有专门的、统一的针对四省藏区的金融优惠政策，但在当地政府以及人民银行的争取下，大部分地区都有争取到一些诸如存款准备金优惠、新增存款用于当地贷款优惠政策、再贷款利率政策等优惠政策，与西藏自治区相比享受到的优惠政策相对要弱一些。

4.1.3　藏区经济发展特征

改革开放以来，随着与外界交流的不断增加，高原经济处于从传统到现代的转型过程中，总体来看，藏区经济发展取得了突出的成绩，但与此同时，藏区整体产业规模小、生产力水平低、贫困面广，是我国经济实力最薄弱的地区。

---

❶ 沈开艳、陈建华、徐美芳、陶纪明，2015：《西藏经济跨越式发展研究》，社会科学文献出版社，101 页。

❷ 参考《关于金融支持西藏经济社会发展的意见》，中国人民银行网站 http：//www.pbc.gov.cn/。

4.1.3.1 纵向比较，经济发展取得了举世瞩目的成就

近些年来，在六次西藏工作座谈会相继召开背景下，特别是实施西部大开发战略以来，藏族聚集区保持了较快的经济增长。图 4 - 2 显示了 1999 年至 2014 年藏区各地市的平均 GDP 增长率❶与全国 GDP 增长率。从图中我们可以发现，自 1999 年以来，藏区各地（市）平均 GDP 增长率大多数年份维持在 10% 以上，多数年份平均 GDP 增长率高于全国水平，GDP 年均增长率高达 12.45%，远高于全国年均 9.64% 的增长率，藏区各地经济保持了快速的增长。

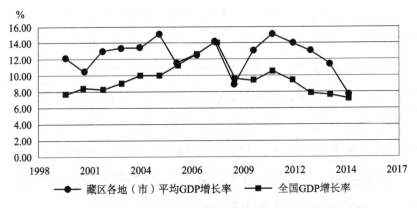

图 4 - 2 藏区各地市平均 GDP 增长率与全国 GDP 增长率比较

注：图中数据来自 Wind 数据库，并经作者计算整理得到。

以西藏自治区为例，2015 年，全区实现国内生产总值 1026.39 亿元，比上年增长 11%，与 1999 年相比，全区国内生产总值增长了近 10 倍。其中第一产业增加值 96.89 亿元，比上年增长 3.9%，与 1999 年相比增长近 3 倍；第二产业增加值 376.19 亿元，比上年增长 15.7%，与 1999 年相比增长近 16 倍；第三产业增加值 553.31 亿元，比上年增长 8.9%，与 1999 年相比增长近 12 倍。人均地区国内生总值 31999 元，增长 8.9%，是 1999 年人均国内生产总值的 7 倍之多。2015 年，全年接待国内外旅游者 2017.53 万人次，比

❶ 藏区各地（州）GDP 增长率的算术平均数。

上年增长 29.9%。其中，接待国内旅游者 1 988.27 万人次，增长 30.1%；接待入境旅游者 29.26 万人次，增长 19.7%。旅游总收入 281.92 亿元，增长 38.2%；旅游外汇收入 1.7 亿美元，增长 22.1%。❶

4.1.3.2　横向比较，总体发展水平仍处于相对落后的状态

由于受历史、文化、地理等诸多因素影响，特别是受交通环境的制约，藏区经济快速发展的同时，其现代化程度以及人民生活水平与全国其他省区相比仍存在较大差距。《中国农村扶贫开发纲要（2011—2020 年)》明确指出全国 14 个集中连片特困区包括西藏、四省藏区。在全国 14 个集中连片特困地区中，藏区属于贫困面最大、贫困程度最深的地区。截至 2014 年，五省藏区包括 2 个藏族自治县在内的 148 个县（区），享受农村最低生活保障的人数达 1258795 人，城市居民最低生活保障人数 291051 人，❷ 占第六次人口普查藏区户籍总人口近 19%，远高于全国水平。在经济发展的带动下，藏区 GDP 与人均 GDP 水平不断提升，但是与全国人均 GDP 水平相比，藏区人均 GDP 水平明显偏低（图 4-3）。

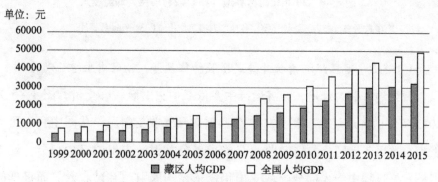

图 4-3　藏区人均 GDP 与全国人均 GDP 比较

注：图中数据来自 Wind 数据库，并经作者计算整理得到；其中藏区人均 GDP 为五省区藏区各地人均 GDP 的算术平均数，2015 年藏区人均 GDP 由于除西藏自治区外其他藏区缺少统计数据，因而用西藏自治区人均 GDP 来代替。

---

❶　数据来自《2015 年西藏自治区国民经济与社会发展统计公报》。
❷　数据来自《2015 中国民政统计年鉴》，并经作者计算整理而来。

同时，与全国平均水平相比，藏区居民的生活水平明显偏低。图4-4显示了2014年藏区各地（市、州）占藏区人口总数80%以上的农牧民人均纯收入与全国农村居民人均纯收入水平。从图中我们可以发现，除海西藏族自治州外，各地区农牧民人均纯收入低于全国农村居民人均纯收入水平，而且收入水平最低的几个州（果洛州、玉树州、甘南州）农牧民人均纯收入水平不及全国平均水平的二分之一。

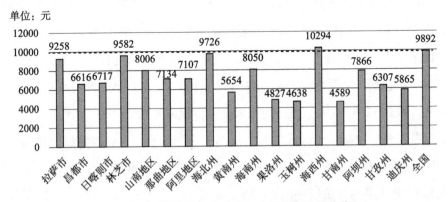

单位：元

图4-4 2014年藏区各地（州）农村居民人均纯收入

注：图中数据来自各省区统计年鉴、各地区政府工作报告以及Wind数据库。

4.1.3.3 地区经济增长外援式增长特征显著，缺乏内生增长动力

藏区地方财力窘迫，经济运行主要依靠中央财政转移支付，图4-5为2013年藏区各地（市、州）地方公共财政预算收支情况。从图中我们可以发现，藏区各地区公共财政收入只能覆盖公共财政支出的极少部分，地方经济发展过程中绝大部分财政支出仍需依靠国家财政补贴收入。而极低的财政自给率（地方财政预算收入占财政预算支出的比重）表明藏区经济仍未具备自我发展的能力。

表4-3列出了藏区各地（市、州）规模以上工业企业相关主要经济指标。从表中我们可以发现，除海西、阿坝、拉萨等几个主要地区外，藏区各地规模以上工业企业单位个数明显偏少，个别地区没有或者只有一两个企业，并且这些企业利润创造能力偏低。2013年拉萨市、阿里地区、阿坝

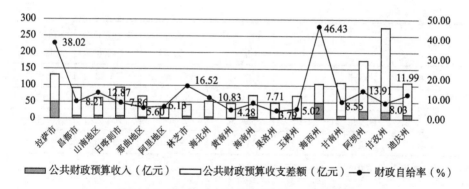

图 4－5　2013 年藏区各地（市、州）财政收支

注：图中数据来自各省区统计年鉴，并经作者计算整理得到。

州、迪庆州规模以上工业企业利润总额甚至为负。地区经济发展过程中缺乏能够带动经济增长的、有竞争力的企业。藏区各区上市公司数量则更少，以西藏自治区为例，截至 2015 年年末，西藏自治区全区辖内仅有 11 家 A 股上市公司，1 家 H 股上市公司，1 家新三版挂牌上市公司。

表 4－3　藏区各地（市、州）规模以上工业企业主要经济指标

		单位数（个）	资产总计（亿元）	负债合计（亿元）	所有者权益（亿元）	利润总额（亿元）
西藏	拉萨市	57	446.4	85.04	294.2	－1.27
	昌都市	4	54.28	16.44	19.35	0.78
	山南地区	4	15.47	3.62	10.03	3.28
	日喀则市	6	14.86	2.13	12.47	2.11
	那曲地区					
	阿里地区	2	5.56	0.55	4.97	－0.31
	林芝市	3	17.98	1.26	16.15	2.75
青海	海北州	37	110.52	79.61	30.38	0.52
	黄南州	5	33.58	26.69	6.89	0.54
	海南州	22	58.09	42.27	15.77	1.76
	果洛州	1	16.6	6.95	9.65	4.43
	玉树州					
	海西州	126	1953.47	1278.8	672.6	119.66

续表

		单位数 （个）	资产总计 （亿元）	负债合计 （亿元）	所有者权益 （亿元）	利润总额 （亿元）
甘肃	甘南州	26	93.98	66.84	26.72	3.91
四川	阿坝州	95	503.39	372.73	130.65	−0.28
	甘孜州	51	354.88	248.4	106.12	12.95
云南	迪庆州	23	119.42	93.2	26.2	−0.4

注：数据来自《2014 中国区域经济统计年鉴》。

通过以上分析，可以发现藏区经济发展取得了长足的进步，且在自然、社会环境等因素制约下，藏区经济发展主要依靠中央财政支援。但是在大量财政援助政策下，中央财政扶持带来的只是总量的增加，没有转化为自我成长的生产力与经济增长点。发展仍然主要是依靠外部援助，缺乏能带动经济增长的龙头企业。

4.2　藏区文化信仰环境

中国藏区环境特殊，这种特殊性不仅体现在其独特的经济地理环境、政策环境，也体现在其独特的文化环境。中国藏区属于以藏族为主的多民族聚集区，藏族人口占到总人口的 70% 以上。藏区的主流文化仍以藏文化为主。藏文化最典型的特征就是全民信教，至今保留着朝圣、磕长头、打卦、煨桑、转经等古老的藏传佛教传统。佛教自公元 4 世纪从印度传到青藏高原，至公元 7 世纪松赞干布推崇佛教，佛教在与当地原始宗教本教融合过程中，经过不断发展，逐步形成了具有浓厚地方特色的藏传佛教。藏传佛教强调精神修养，藐视物质价值，故藏族信众注重对佛法的实践修炼。一些信徒甚至行走千里磕长头朝拜圣地，并倾其所有捐献给寺庙❶。这种整个民族对文化信仰的普遍性与虔诚度，在当今世界没有哪个民族能够与之相

---

❶　尕藏加，2010：《藏区宗教文化生态》，社会科学文献出版社，第 58 页。

比拟。在藏区，信仰藏传佛教的信徒和以藏传佛教核心价值为信仰的"非信徒"，占比是非常高的。广泛的宗教学与人口学基础，使得文化信仰因素对社会经济生活的影响非常大，内地没有哪个城市能够与之相比拟。藏区社会生活的一大主要特色便是宗教生活的普遍性。

藏区众多的文化信仰活动场所分布

藏区拥有富有民族传统特色的人文资源，有举世闻名的扎什伦布寺、哲蚌寺、色拉寺、甘丹寺、白居寺、塔尔寺、拉卜楞寺等佛教寺庙。藏区社会具有深厚的宗教文化氛围，以藏传佛教为核心的宗教文化是藏区文化产业的重要资源。

藏区浓厚的宗教文化氛围，最直观的体现就是藏区众多的宗教活动场所。登记在中国宗教活动场所查询系统（佛教与道教）中的藏区佛教场所达 3329 处（表 4 - 4 所示）。藏区每万平方千米拥有佛教活动场所 24.5519 处，万人拥有佛教活动场所 4.1275 处，远高于全国 0.2525 的佛教活动场所人口分布密度。当今藏区藏传佛教及其寺院对人们社会生活的影响与作用，由此便可见一斑了。而事实上，藏区众多的宗教活动场所不仅体现在星罗棋布的登记在册的宗教活动场所，而且也体现于遍布青藏高原的山山水水。藏族人民从宗教的角度出发去认识和解释众多雪山与高原湖泊，将自己周围的山川湖泊都描绘为千姿百态的本尊、神佛、菩萨以及有大成就者的居住圣地，诸多雪山与湖泊也成为藏族民众朝拜的宗教圣地，在藏族人民的心目中具有不可替代的神圣地位❶。

---

❶ 陈国典，2006：《试析藏传佛教朝圣者的圣地情结》，《宗教研究》第 1 期，第 182 - 186 页。

表 4 – 4　藏区宗教活动场所分布

		宗教活动场所（处）	佛教活动场所（处）	藏语系活动场所（处）	佛教场所地域覆盖（个/万平方千米）	佛教场所人员覆盖（个/万人）
西藏	拉萨市	225	225	225	76.2247	3.8860
	昌都市	519	519	514	47.6707	7.7003
	日喀则市	345	345	345	18.9492	4.8117
	林芝市	94	94	94	8.2481	4.6766
	山南地区	254	254	254	32.0351	7.5821
	那曲地区	271	271	271	6.9165	5.7173
	阿里地区	75	75	75	2.5268	7.6531
青海	海北州	29	29	29	8.4327	1.0140
	黄南州	93	93	93	51.0260	3.5632
	海南州	145	144	141	33.1393	3.2000
	果洛州	66	66	66	8.8894	3.5484
	玉树州	245	245	245	12.0757	6.3472
	海西州	28	28	28	0.9307	0.5634
甘肃	甘南州	126	125	122	34.1586	1.8032
四川	阿坝州	265	258	253	31.0783	2.8455
	甘孜州	526	526	512	35.1607	4.6881
云南	迪庆州	23	23	23	9.9198	0.5679
平均					24.5519	4.1275

注：表中宗教活动场所数来自国家宗教事务局网站宗教活动场所基本信息数据；佛教场所地域覆盖与人员覆盖数由作者计算得到，地域面积使用行政区域面积，人口采用常住人口数，均来自各省统计年鉴。

4.3　藏区普惠金融发展现状

为了客观反映藏区普惠金融发展状况，我们从供给与需求两个角度来分析藏区普惠金融发展现状。从供给方面来说明金融服务的可得性；从需求来反映藏区金融服务使用情况与满足度。

4.3.1　金融服务供给现状

4.3.1.1　金融服务供给状况

西藏自治区以及四省藏区由于制度变迁历史不同，两部分藏区经济金融体系存在一定差异，金融服务供给市场也呈现不同的特点。

1. 西藏自治区

改革开放以来，在一系列特殊优惠政策扶持下，西藏辖内初步形成了以中国人民银行为领导，国有商业银行为主体，其他金融机构并存与分工协作，基本适应经济发展所需的金融体系。根据中国人民银行网站公布的《2015 年西藏自治区金融运行报告》，西藏自治区辖内银行业金融机构情况如表 4 - 5 所示。

表 4 - 5　2015 年西藏自治区银行业金融机构情况❶

机构类别	营业网点			法人机构（个）
	机构个数（个）	从业人数（个）	资产总额（亿元）	
一、大型商业银行	572	7228	3138.9	0
二、国家开发银行和政策性银行	2	96	230.8	0
三、股份制商业银行	4	239	124.6	0
四、城市商业银行	8	328	366.6	1
五、城市信用社	0	0	0.0	0
六、小型农村金融机构	0	0	0.0	0
七、财务公司	0	0	0.0	0
八、信托公司	1	57	21.9	1
九、邮政储蓄银行	78	249	84.6	0
十、外资银行	0	0	0.0	0
十一、新型农村金融机构	1	37	5.1	1

---

❶　表中数据来自《2015 年西藏自治区金融运行报告》。

机构类别	营业网点			法人机构 （个）
	机构个数 （个）	从业人数 （个）	资产总额 （亿元）	
十二、其他	1	71	77.9	1
合计	667	8305	4050.4	4

注：营业网点不包括国家开发银行和政策性银行、大型商业银行、股份制银行等金融机构总部数据；大型商业银行包括中国工商银行、中国农业银行、中国银行、中国建设银行和交通银行；小型农村金融机构包括农村商业银行、农村合作银行和农村信用社；新型农村金融机构包括村镇银行、贷款公司和农村资金互助社；"其他"包含金融租赁公司、汽车金融公司、货币经纪公司、消费金融公司等。

分析表4-5可以得出，西藏自治区的银行业金融机构以大型国有控股的商业银行为主，西藏银行自2012年5月正式运营以来，经过两年多的发展资产规模已经达到366.6亿元。2014年民生银行拉萨分行在拉萨正式揭幕，成为首家进驻西藏的全国性股份制商业银行，经过一年多的发展，截至2015年年底，在拉萨共设立四个营业网点，从业人员239人，资产总额达124.6亿元。2015年8月，中信银行拉萨分行正式对外营业。同年11月浦发银行拉萨分行获准筹建。这意味着，未来随着更多股份制商业银行的入驻，西藏自治区辖内金融业态会更加丰富，人民获取金融服务的渠道也会更加丰富。截至2015年年底，667个营业网点、8305个从业人员服务于自治区内74个县（区）共694个乡镇，320余万人，120.24万平方千米。每个营业网点平均服务面积1800平方千米，服务人口近4800人。区内银行业金融机构分布不均衡，大部分银行机构集中在地（市）以上，特别集中在拉萨市。截至2016年7月18日，西藏辖内银监会登记备案的金融机构点680个，拉萨市营业点就有147个，占到总数的20%以上，县域以下仅有农业银行营业所唯一一家金融机构。为广大农牧民提供金融服务的银行业金融机构以农业银行为主，中国农业银行西藏分行在西藏自治区全区银行业金融机构占比达78%。近些年来，农业银行推出西藏特色"四卡信用贷款"，西藏95%的农牧民都在使用"钻金银铜"四卡信用贷款产品，额度

文化差异与普惠金融发展

内，持卡去任何农行网点，都可以随时用随时还，并执行最优惠的利率。

2. 四省藏区

四省藏区整体地广人稀，金融服务对象主要以农牧民为主，金融机构服务半径大，服务业务笔数多、金额小、财政支持力度有限。机构网点成本大、收益小、亏损多，致使金融机构在农牧区设立网点的积极性不高，县域金融机构较为单一，且分布不均衡，部分偏远地方出现金融空白地带。表4-6列出了四省藏区十个自治州银行业金融机构网点分布情况，数据显示，在四省藏区主要由农村信用社、中国农业银行以及中国邮政储蓄银行提供金融服务，且主要集中于县所在地。县级以下地区金融机构以农村信用社为主，广大农牧区的金融服务主要由农村信用社提供。十个藏族自治州，除海西州金融机构设置相对健全之外，其他州都存在金融机构单一的问题。截至2016年7月中旬，四省藏区在中国银行业监督管理委员会可以查询到的有金融许可证的银行业金融机构网点共1079个，且主要集中在县城，服务半径大，机构平均服务面积近900平方千米，平均服务人口4900人左右。

表4-6 四省藏区各地（州）辖内金融机构分布情况

		合计	邮储银行	农业银行	农信社	农村商业银行	农发行	城市商业银行	建设银行	工商银行	中国银行	其他
青海	海北藏族自治州	59	11	7	34		3	1	3			
	黄南藏族自治州	51	6	10	30		2		3			
	海南藏族自治州	75	15	12	29	11	2	3	3			
	果洛藏族自治州	34	9	9	14		2					
	玉树藏族自治州	37	8	11		11	2	3	1			1
	海西蒙古族藏族自治州	130	31	19	20	16	2		7	16	12	7
甘肃	甘南藏族自治州	163	12	26	108		1	4	2	10		

续表

		合计	邮储银行	农业银行	农信社	农村商业银行	农发行	城市商业银行	建设银行	工商银行	中国银行	其他
四川	阿坝藏族自羌族自治州	249	28	36	175		2	1	5	2		
	甘孜藏族自治州	210	26	31	147		1		4	1		
云南	迪庆藏族自治州	71	8	12	38		3	1	3	4	1	1

注：数据依据中国银行业监督管理委员会 2016 年 7 月 18 日发布的金融许可证信息查询系统登记信息整理而来；城市商业银行青海省境内为青海银行、甘肃省境内为甘肃银行、四川省境内为成都银行、云南省境内为富滇银行；其他指玉树州辖内有一家称多县清水河镇富民农村资金互助社，迪庆州辖内有一家云南香格里拉渝农商村镇银行。

其中，青海省辖内金融机构服务面积近 2000 平方千米，金融机构单一，保险、证券、信托投资、担保与租赁等金融服务机构缺失，有 90% 以上的村社没有金融网点，平均 1 个金融营业网点需要服务的半径大约为 2000 平方千米，1 个从业人员大约要服务 171 平方千米的区域，有超过 7 成的农牧民家庭既没有存款也没有贷款。截至 2014 年年底，四省藏区金融机构空白乡镇 260 个，占全部乡镇的 27.75%，金融机构空白行政村 3417 个，占全部行政村总数的 48.05%；共有农村信用档案数 46.5 万份，约覆盖 40% 的农牧家庭户。❶

3. 共同特点

与全国其他城市相比，藏区的金融服务体系不完整，金融服务供给明显不足。除西藏拉萨市、云南迪庆州香格里拉县、青海德令哈市、甘肃甘南州合作市等几个主要中心城区之外，藏区大部分地区金融机构仅有农业银行、农村信用社、邮政储蓄等机构，不仅没有信托、证券、保险公司，就连传统的四大国有商业银行也没有实现完全覆盖。金融机构网点少使得能够提供的金融服务也极其有限，严重影响藏区居民金融服务的可得性。

---

❶ 孙向前、高波，2016：《四省藏区金融精准扶贫路径探究》，《青海金融》，第 2 期 40 页。

表4－7　五自治区2014年银行类金融机构网点数❶

机构类别	营业网点数				
	西藏	内蒙古	新疆	广西	宁夏
一、大型商业银行	572	1490	1315	2020	504
二、国家开发银行与政策性银行	2	86	92	65	16
三、股份制商业银行	4	181	116	177	20
四、城市商业银行	8	488	233	333	115
五、城市信用社	0		0	0	
六、小型农村金融机构	0	2337	1128	2367	386
七、财务公司	0	5	1	2	
八、信托公司	1	2	0	0	
九、邮政储蓄	78	166	664	994	202
十、外资银行	0	1	3	4	
十一、新型农村金融机构	1	87	100	211	220
十二、其他	1		0	1	
合计	667	4843	3656	6174	1463

注：营业网点不包括国家开发银行和政策性银行、大型商业银行、股份制银行等金融机构总部数据；大型商业银行包括中国工商银行、中国农业银行、中国银行、中国建设银行和交通银行；小型农村金融机构包括农村商业银行、农村合作银行和农村信用社；新型农村金融机构包括村镇银行、贷款公司和农村资金互助社；"其他"包含金融租赁公司、汽车金融公司、货币经纪公司、消费金融公司等。

　　以西藏自治区为例，与其他四省藏区相比，作为一个省级单位，在金融机构设置方面存在明显的行政优势。但是，与内蒙古、新疆、广西、宁夏四个自治区相比，西藏自治区的金融机构主体显著偏少。银行类金融机构营业网点共有667个，甚至不足面积仅为其5%的宁夏回族自治区的二分之一。每万平方千米的金融网点数为5.54个，同样面积辽阔的新疆维吾尔自治区每万平方千米拥有银行类金融机构网点数22.32个，西藏如此低的网点分布密度，难以有效覆盖如此辽阔的区域。从表4－7显示数据可以看出，

❶　表中数据来自《2015年西藏自治区金融运行报告》《2015年新疆维吾尔自治区金融运行报告》《2015年内蒙古自治区金融运行报告》《2015年宁夏回族自治区金融运行报告》以及《2015年广西壮族自治区金融运行报告》。

与其他自治区相比，西藏自治区明显缺少其他自治区普遍存在的小型农村金融机构。由于历史原因，西藏没有农村信用社，但是诸多新型农村金融机构如村镇银行、贷款公司和农村资金互助社在其他自治区已经广泛存在，而在西藏却只有 1 家（2013 年成立的林芝民生村镇银行）。

以四省藏区金融机构最多的阿坝州为例。阿坝州辖区面积 83016 平方千米，辖内共有 13 个县级行政区域（马尔康市、九寨沟县、小金县、阿坝县、若尔盖县、红原县、壤塘县、汶川县、理县、茂县、松潘县、金川县、黑水县），行政中心驻地在马尔康市，阿坝州境内有九寨沟、黄龙等世界自然遗产，是世界生态旅游最佳目的地。阿坝州共有银行业金融机构 249 家，其中有 2 家农业发展银行、1 家成都银行、5 家建设银行、2 家工商银行，为方便游客，建设银行与工商银行分别在九寨沟设有分理处，其他机构主要设置在州府驻地马尔康市。也就是说除马尔康市金融业态相对较丰富外，为其他 12 个县提供金融服务的主要是邮政储蓄银行、农业银行与农村信用社。而且邮政储蓄银行与中国农业银行大多只在县府所在地设立分支机构，真正能深入到乡、镇为广大农牧民提供金融服务的金融机构也就只有农村信用社。

因此，从现有金融服务供给主体来看，藏区金融服务以传统的银行业金融机构为主，基本形成了多层次的银行业金融服务供给体系。但金融机构网点设置主要集中于相对发达的市区，为广大农牧区居民提供金融服务的正规金融机构单一，供给不足，绩效不高。西藏自治区广大农牧区负责金融服务供给的正规金融服务机构主要是农业银行，四省藏区以农村信用社为主。不同藏区间的金融服务供给体系存在一定的差异，但均表现出供给产品单一、服务面不够、信贷配给、盈利能力弱等相似特征。

4.3.1.2　藏区普惠金融发展创新实践

随着金融改革与发展的深入，在国家普惠金融发展规划思想指导下，藏区各地积极推进普惠金融发展，制订相关发展规划，提升金融服务的可及性。

　　西藏自治区：2012 年起，中国农业银行按照农业银行总行、自治区及中国人民银行的统一部署，认真贯彻落实"乡乡有网点、村村有服务"的普惠金融有关政策要求，在西藏全面启动了"金穗惠农通"工程，也就是"三农金融服务点"。西藏自治区以银行卡助农取款工作为抓手，组织银行业金融机构积极开展银行卡助农取款服务点建设，取款点根据当地不同情况，设在村委会、"万村千乡市工程"农家店、小超市等人员较为集中的地方，使得越来越多的农牧民在家门口就能享受到便捷的金融服务。截至 2015 年年底，西藏全区累计设立助农取款服务点 3857 个，填补金融空白行政村 2397 个，已完成 2013 年统计的符合填补条件（通电、通信号）的行政村的全部覆盖，其中拉萨、阿里已实现县、乡、行政村三级全覆盖。❶ 同时，通过布放配套服务机具，有效延伸了农牧区金融服务触角，较好地满足了农牧民群众的金融支付服务需求。截止到 2015 年年底，农业银行在西藏县域以下农牧区布放 POS 机 1841 台，智付通 1861 台。覆盖的乡镇数为 683 个，覆盖的行政村数为 3092 个，覆盖率分别达到 99% 和 58.84%。❷ 在传统物理网点、流动性金融服务外，通过服务点 + 电子机具方式提供方便、快捷的金融服务，有效扩大了西藏农牧区金融服务的覆盖面。

　　四省藏区：响应国家普惠金融发展号召，四省藏区相继出台了相应的政策对普惠金融发展实践进行指导。2015 年 3 月，中国银监会青海监管局出台印发了《关于发展普惠金融的指导意见》，提出"依托和发挥现有银行业金融机构作用，强化现代信息科技支撑，引导和鼓励银行业金融机构通过完善普惠金融服务体系延伸基础金融服务，创新服务产品和方式，提高服务质量，力争用 3 到 5 年时间使全省所有金融服务的薄弱领域得到加强，使难以享受传统金融服务的弱势群体，能够以平等的机会、合理的价格、适当的方式享受到符合自身需求特点的基础金融服务"的总体发展目标。

---

❶　数据来自《2015 年西藏自治区金融运行报告》。

❷　新华网：《农行"三农"金融服务点成为西藏农牧区基础金融服务的重要渠道》，2016 年 3 月 17 日，http：//tibet. news. cn/xznews/20160317/2731800_ c. html

指出要实施"农牧普惠工程""小微普惠工程""创业助学普惠工程""扶贫普惠工程"四大普惠工程，并提出了具体采取的措施，争取用3～5年时间，将金融服务覆盖到全省所有薄弱环节，特别是要使偏远牧区、农区、特殊人群和小微企业等难以享受到传统金融服务的市场主体以平等的机会、适当的方式、合理的价格享受到基本的金融服务。2016年青海省人民政府办公厅《关于青海省落实普惠金融发展规划（2016—2020年）的实施意见》，从十四个方面进一步提出了推进普惠金融发展的具体措施。2015年，甘肃省甘南藏族自治州制订印发了《甘南州普惠金融发展规划（2015—2018年)》，从发展基础与条件，总体要求、基本原则和发展目标，主要任务与保障措施四个方面进行了系统规划。

同时，金融机构也积极采取措施提升藏区普惠金融水平。如农业银行四川甘孜分行针对甘孜全州80%行政村不通电、不通有线网络的实际，积极推广运用现代金融工具，在不通固定电话网络但有移动网络的村镇，通过运用移运POS机解决了激活服务点转账电话的使用问题。在全州农村地区共设立653个助农取款服务点，大力拓展金融业务受理渠道，使农行的助农服务点覆盖到全州208个乡镇、528个行政村，实现了具备条件的金融服务空白乡镇、村的全覆盖。在该行的努力下，目前，康巴藏区基本上形成了多元化、多层次的支付结算体系，实现了全州农牧区支付业务2小时内到账的目标。❶同时，为了培养民族地区百姓使用现代金融产品的意识和习惯，该行持续开展"送金融产品进乡村、进社区、进牧场、进家庭"等一系列金融知识普及性宣传活动。

4.3.2 金融服务需求现状

中国藏区不仅是经济落后地区，而且具有鲜明的文化特征，其金融需求与内地其他省份相比也具有显著不同的特点。藏区经济建设中，包括大

---

❶ 中国城乡金融报：《农行甘孜分行普惠金融造福农牧民》，2014年6月10日。

中型工矿企业、水利、交通等相关基础设施建设构成金融需求的主体，这部分经济主体的经济运营方式与全国其他地区相似，与此同时，藏区分散的小农经济特征决定了金融服务需求多表现为家庭居民的金融服务需求。因此，这里我们关注的金融服务需求主体主要是指构成经济社会的基础单位——居民。受收入水平与教育程度的限制，多数居民特别是农牧民的金融服务需求仍以存、贷、汇等基本的金融产品与服务为主。

4.3.2.1 储蓄业务的需求现状

受传统宗教文化影响，宗教性经济消费在藏族信众经济消费中占了很大比重，每年农闲时期，凡是经济条件许可的农牧民信众都会从四面八方风尘仆仆抵达拉萨，进行朝拜与布施。藏族信众除每年到圣地拉萨进行朝拜布施外，平时主要对各自所在地的寺院发放布施。目前，在广大藏区仍有许多农牧民热衷于这种宗教消费形式。受传统宗教文化习惯影响，许多农牧民自愿将其积蓄捐献给寺庙，或将余钱换成实物（如购买首饰、修房、置办家具等），而不是进行储蓄与投资，使得金融机构动员储蓄存在困难，广大农牧区居民对储蓄存款业务的需求相对不足。同时，藏区交通基础设施条件差，金融机构网点少、覆盖面大，农牧民往返金融网点成本高，这也在一定程度上制约了藏区农牧民，特别是边远地区农牧民的储蓄业务需求。诸多因素约束下，藏区居民整体储蓄不足，居民储蓄率相对较低。

图4-6为2014年藏区各地居民储蓄存款占GDP比重。与全国平均水平相比，藏区各地区储蓄存款余额占GDP比重明显低于全国平均水平，这源自两方面的因素：其一，受传统消费习惯、经济发展水平影响，藏区居民对储蓄业务主观需求相对不足；其二，由于金融网点在藏区布设相对不足，网点服务辐射半径较大，从而使得边远地区农牧民的储蓄需求并不能得到有效满足。

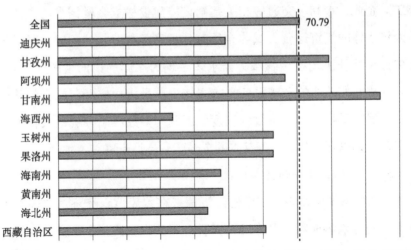

图 4 - 6 2014 年藏区储蓄存款余额占 GDP 比重图

注：图中数据来自 2015 年各省区统计年鉴。

4.3.2.2 贷款业务的需求现状

藏区农牧户的信贷需求具有与农户结构和家庭生产方式相适应的特征，贷款用途主要用于平滑消费，维持简单再生产与副业经营。中国人民银行成都分行课题组（2006）❶通过对甘孜州 176 户农牧民融资状况调查发现，农牧民家庭信贷需求中 11.18% 的贷款用于维持基本生活，51.97% 的贷款用于其他生活消费，仅有 21.71% 的贷款用于农牧业与其他副业。在未满足的信贷需求中，农牧民信贷需求仍以生活性信贷需求为主，而生产性信贷需求占比相对较低，未满足贷款需求的农户有 138 户，占总样本的比例达 78.41%。而且受农牧业经营的季节性影响，信贷需求呈现季节性特征，而且金额较小。近年来，藏区资金需求用途呈现出由单一向多样转变，资金使用期限也由季节性向非季节性转变等特征（陈志远，2009；蒋霞，2015）。

---

❶ 中国人民银行成都分行课题组，2006：《贫弱地区农村金融制度绩效研究——甘孜州案例分析》，《金融研究》第 9 期，18 - 19 页。

藏区农牧民的借贷需求普遍（中国人民银行成都分行课题组，2006；中国人民银行甘孜中心支行课题组，2008；陈志远，2009；蒋霞，2015），但是在贷款满足程度上各地区却存在一定差异。在国家特殊金融利率补贴政策下，西藏农业银行"钻、金、银、铜"信用证的推出，使得只要在信用额度范围内，农牧民去农业银行都能方便地取得低息贷款。因此，在西藏，农牧民的小额信贷需求基本都能够通过农业银行得到满足。而相比较而言，四省藏区农牧民的金融借贷需求满足度较低。四省藏区居民借贷需求不能得到有效满足的事实可以通过藏区非正规金融的活跃程度来体现，许多农牧民在无法获取正规金融服务供给的情况下，转向依靠亲戚、朋友、熟人或者从寺庙贷款来满足其资金需求（中国人民银行成都分行课题组，2006；中国人民银行甘孜中心支行课题组，2008；蒋霞，2015）。蒋霞（2015）在四川甘孜州的三个调研案例显示，四川藏区农牧民的贷款渠道包括亲戚无息贷款、寺院贷款、农信社贷款与放贷者贷款，民间借贷在四川居民融资中仍占有重要地位。民间借贷的活跃也反映出藏区居民的贷款需求并不能从正规金融机构得到有效满足。

藏区较低的贷款满足度可以从贷存比、贷款占 GDP 比重间接得到一定程度反映，图 4-7 为西藏与四省藏区 2014 年年末贷款余额占 GDP 比重、贷存比和全国平均水平比较图。可以看出，与全国平均水平相比，除西藏自治区外，其他藏区年末贷款余额占 GDP 比重明显偏低，表明藏区贷款服务供给比例偏低。而藏区普遍较低的贷存比也反映出金融机构不能有效地将存款转化为区域内的贷款。金融机构较低的贷款占比代表藏区贷款投放量较少，从而也间接反映出贷款需求的满足度相对较低。

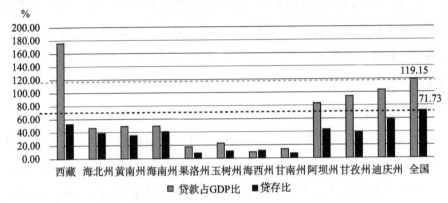

图4-7　2014年藏区贷存比、贷款占GDP比重图

注：图中数据来自2015各省区统计年鉴，并经作者计算整理得到。

4.4　藏区普惠金融指数测度

4.4.1　指标选取

关于普惠金融发展水平的衡量，世界不同学者、组织从不同角度给出了不同的衡量指标。Mandira Sarma（2008）在《金融包容性指数》一文中创立了普惠金融发展指数（IFI），从三个维度对不同国家普惠金融发展状况进行了测算，其中包括银行业渗透度、银行服务的可获得性与使用状况，具体指标包括拥有银行账户的人口比例、人均拥有银行营业点数或ATM机数以及存贷款占GDP的比例。之后学者从拓宽指标测度维度（Arora，2010；Gupte等，2012）、改善测算方法（Chakravarty & Pal，2010）等角度对金融包容性指数不断进行完善。许多国际组织基于全球视角也积极研究设计普惠金融指标，世界银行（WB）于2012年4月推出"全球金融包容性指标"，从需求角度评估与监测各国的普惠金融实践，为普惠金融有关研究提供了一定的基准，核心指标主要包括银行账户的使用情况，以及储蓄、借款、支付、保险各类业务的具体使用。金融包容联盟（AFI）成立的金融包容数据工作小组从正规金融服务的可获得性和使用情况两个维度衡量普惠金融情况。普惠金融全球合作伙伴（GPFI）从金融服务的使用情况、金融服务的可获得性、金融产品与服务质量三个维度包含 19 个指标构建普惠金融指数。

普惠金融与传统金融并没有本质的区别，但测算指标存在着显著的差异，传统金融发展指标多反映的是传统的金融政策目标，侧重于研究金融深度而忽略了金融广度，作为独立的货币政策，普惠金融应当从以下四个维度进行测量：一是可获得性；二是服务质量；三是服务范围；四是服务效果（Hanning & Jansen，2010）。国内学者在借鉴国外研究经验的基础上，通过构建不同指标对我国普惠金融发展水平进行了广泛的经验研究。王伟等（2011）借鉴 Sarma 的金融包容性指数，从银行服务的可得性与使用情况两个维度测算了中国不同省份的金融包容性指数。王婧、胡国晖（2013）划分金融服务的范围与金融服务的使用两个维度包含六个指标测度了中国2002—2011 年的普惠金融指数。张国俊等（2014）从金融服务的渗透度、效用度、使用度以及承受度四个维度构建金融排斥的综合评价指标体系，从侧面反映了省际金融包容性差异。焦瑾璞等（2015）参照 GPFI 构建的普惠金融指数，结合中国实践建立了包含金融服务可得性、使用情况、服务质量三个维度下 19 个指标的普惠金融指标体系。李建军、卢盼盼（2016）设计了包含银行、证券、保险三个维度共 9 个指标对各省的金融服务包容性进行了测度。

本章借鉴上述普惠金融发展的测度方法，结合藏区普惠金融发展的实践情况❶，以及在考虑相关变量与数据可得性的情况下，从银行金融服务的供给与需求两个维度来衡量藏区普惠金融的发展水平。

一是金融服务供给的覆盖程度：金融服务的覆盖密度既要考虑到人口

---

❶ 藏区金融业发展相对滞后，金融服务仍以传统的存、贷业务为主，因而本书对普惠金融的测度也主要考虑的是传统的存贷业务，而没有将证券与保险等业务纳入进来。

密度因素，又应当考虑地理密度因素。因此，我们分别采用每万平方千米金融网点个数、每万人享有的金融网点个数两个指标来反映地理维度的服务渗透与人口维度的服务可得性。

二是金融服务的需求使用情况：我们将从存款与贷款两个最基本的金融服务使用情况来加以度量。存款服务的使用情况采用金融机构人均各项存款占人均 GDP 的比重来反映；贷款服务的使用情况用金融机构人均各项贷款占人均 GDP 的比重加以衡量。

具体选取的指标以及指标性质如表 4-8 所示。

表 4-8　普惠金融的综合评价指标体系

总指数	衡量维度	指标定义	具体计算公式	指标性质	指标权重
藏区普惠金融指标	金融服务的供给覆盖程度	地域覆盖	金融机构网点/万平方千米	正向	0.337404
		人员覆盖	金融机构网点/万人	正向	0.176131
	金融服务的需求使用情况	存款使用	居民储蓄存款余额/GDP	正向	0.230636
		贷款使用	年末金融机构各项贷款余额/GDP	正向	0.255828

4.4.2　指标测算

4.4.2.1　研究方法

有关普惠金融的综合评价模型，国际上还没有一个统一的标准。参考现有相关文献（焦瑾璞，2015 等）借鉴联合国编制人类发展指标的方法，我们构建了藏区普惠金融的综合评价模型，具体公式如下：

$$IFI_i = 1 - \frac{\sqrt{w_1^2(1-a_1)^2 + w_2^2(1-a_2)^2 + \cdots + w_j^2(1-a_j)^2}}{\sqrt{w_1^2 + w_2^2 + \cdots + w_j^2}}$$

式中：IFI_i 表示第 i 个地区的普惠金融指数；w_j 为第 j 维指标的权重；a_j 为第 j 维指标的无量纲化处理值。

其中：$a_j = \dfrac{X_j - MIN_j}{MAX_j - MIN_j}$

X_j 表示第 j 维指标的实际值，MAX_j 与 MIN_j 分别代表第 j 维指标对应的最大值与最小值。

然后是关于每个维度指标权重 w_j 的确定，在比较各种主客观赋权法的基础上，我们选择采用变异系数赋权法确定各维指标的权重。

具体计算方法：$w_j = \dfrac{CV_j}{\sum_1^n CV_j}$，

CV_j 表示各维度指标对应的变异系数：$CV_j = \dfrac{STE_j}{AVE_j}$，

STE_j 表示第 j 维指标对应的标准差，AVE_j 表示第 j 维指标对应的均值。

4.4.2.2　研究对象与数据来源

中国藏民族聚集的区域包括西藏自治区七个地市，四川、云南、青海、甘肃四省十个藏族自治州，外加天祝、木里两个藏族自治县，共有 148 个县。我们收集了包括地区行政面积、总人口、地区金融机构数、居民储蓄存款余额、年末金融机构各项贷款余额与地区生产总值等数据。由于拉萨市（城关区、尼木县）、日喀则市（谢通门县、仁布县、定结县、吉隆县、岗巴县）、林芝市（墨脱县）、山南地区（洛扎县）、那曲地区（安多县）、阿里地区（噶尔县、普兰县、日土县、革吉县、改则县）等 15 个县（区）数据缺失较多，因此最终用于测算普惠金融发展指数的县（区）共有 133 个，占藏区全部县（市）的 89.86%。数据主要来源于《中国县域统计年鉴（县市卷）2014》《中国民族统计年鉴 2014》《中国区域经济发展年鉴2014》、银监会网站以及县（区）政府网站。

表 4-9　普惠金融各维度指标描述性统计分析结果

指标	样本数	最小值	最大值	均值	标准差
地域覆盖	133	0.4857	166.8807	21.8301	25.5108
人员覆盖	133	0.4661	8.7171	2.3161	1.1548
存款使用	133	0.0237	2.4016	0.4538	0.3516
贷款使用	133	0.0003	1.9213	0.4573	0.4144

4.4.3 普惠金融指数测算结果分析

4.4.3.1 藏区普惠金融水平的综合评价与类型划分

我们测度的普惠金融指数是一个相对指数,侧重于对藏区不同县域间普惠金融发展水平的横向比较,指数本身并不能代表普惠金融发展程度的具体大小,而只是说明藏区不同县域之间普惠金融水平的差距。最终测度的各县(区)普惠金融指数如表4-10所示。

表4-10 藏区各县(区)普惠金融指数

所属地市	县名	普惠金融指数	所属地市	县名	普惠金融指数	所属地市	县名	普惠金融指数
拉萨市	堆龙德庆区	0.302098	日喀则市	萨迦县	0.082034	山南地区	隆子县	0.102049
	林周县	0.081201		拉孜县	0.122345		曲松县	0.215174
	达孜县	0.200074		昂仁县	0.083215		措美县	0.157010
	当雄县	0.085601		白朗县	0.103887		错那县	0.123428
	曲水县	0.212686		康马县	0.129915		浪卡子县	0.119301
	墨竹工卡县	0.092178		仲巴县	0.047141	那曲地区	那曲县	0.108314
昌都市	卡若区	0.077519		亚东县	0.199162		申扎县	0.104234
	察雅县	0.099673		聂拉木县	0.058254		班戈县	0.173788
	左贡县	0.085952		萨嘎县	0.116727		聂荣县	0.092246
	芒康县	0.067620	林芝市	巴宜区	0.148068		嘉黎县	0.101218
	洛隆县	0.070863		米林县	0.122762		巴青县	0.12961
	边坝县	0.056906		察隅县	0.105681		比如县	0.112154
	江达县	0.053403		波密县	0.089352		索县	0.08671
	贡觉县	0.086335		朗县	0.128737		尼玛县	0.080539
	丁青县	0.080693		工布江达县	0.120837		双湖县	0.099842
	八宿县	0.094670	山南地区	乃东县	0.247398	阿里地区	札达县	0.081588
	类乌齐县	0.070978		扎囊县	0.186764		措勤县	0.094604
日喀则市	桑珠孜区	0.190670		贡嘎县	0.209275	海北藏族自治州	海晏县	0.199066
	南木林县	0.104454		桑日县	0.134607		祁连县	0.142394
	江孜县	0.116785		琼结县	0.273511		刚察县	0.091107
	定日县	0.073861		加查县	0.135543		门源县	0.161006

所属地/市	县名	普惠金融指数	所属地/市	县名	普惠金融指数	所属地/市	县名	普惠金融指数
黄南藏族自治州	同仁县	0.302032	海西蒙古族藏族自治州	都兰县	0.080329	甘孜藏族自治州	康定市	0.307355
	尖扎县	0.258557		乌兰县	0.099894		泸定县	0.548572
	泽库县	0.118801	甘南藏族自治州	合作市	0.575743		丹巴县	0.348086
	河南县	0.126369		夏河县	0.255031		九龙县	0.166507
海南藏族自治州	共和县	0.194321		玛曲县	0.159273		雅江县	0.180252
	同德县	0.139532		舟曲县	0.58014		道孚县	0.116067
	贵德县	0.219551		碌曲县	0.190088		炉霍县	0.168188
	兴海县	0.099657		迭部县	0.389572		甘孜县	0.144247
	贵南县	0.129764		临潭县	0.549615		新龙县	0.110399
果洛藏族自治州	玛沁县	0.123422		卓尼县	0.265329		德格县	0.085576
	班玛县	0.083656	武威市	天祝县	0.333232		白玉县	0.076877
	甘德县	0.078146		马尔康市	0.389411		石渠县	0.101995
	达日县	0.139804		金川县	0.267694		色达县	0.170696
	久治县	0.094562		小金县	0.395538		理塘县	0.137317
	玛多县	0.100307		阿坝县	0.145594		巴塘县	0.139187
玉树藏族自治州	玉树市	0.284201	阿坝藏族羌族自治州	若尔盖县	0.170758		乡城县	0.256467
	杂多县	0.039966		红原县	0.143148		稻城县	0.197011
	称多县	0.022134		壤塘县	0.116187		得荣县	0.167878
	治多县	0.042644		汶川县	0.315846	凉山州	木里县	0.229305
	囊谦县	0.047102		理县	0.30109	迪庆藏族自治州	香格里拉	0.317711
	曲麻莱县	0.032639		茂县	0.371198		德钦县	0.159047
海西蒙古族藏族自治州	德令哈市	0.266198		松潘县	0.261112		维西县	0.2104
	格尔木市	0.154786		九寨沟县	0.314813			
	天峻县	0.060925		黑水县	0.211102			

从计算结果来看，藏区各县普惠金融指数最高的值为 0.5801，最低的值为 0.0221，标准差为 0.1094，表明藏区普惠金融发展最好与最差的县（区）之间存在较大的差距。藏区地广人稀，地理维度的服务渗透与人口维度的服务可得性相对较低。一些地方没有被金融机构网点覆盖，没有金融服务人员，使得普惠金融指数整体偏低，样本平均普惠金融指数为 0.1662。

如果按文献中（0.5 < IFI ≤ 1，高的金融包容性；0.3 ≤ IFI < 0.5，中等程度的金融包容性；0 ≤ IFI < 0.3，低的金融包容性）的标准进行划分（Sarma，2010；王伟，2011），普惠金融指数处于0.3以下的县共有116个，占到总样本的87.22%，这表明了藏区普惠金融发展水平整体偏低的事实。而普惠金融指数处于0.5以上的县（区）只有四个，分别是舟曲县、合作市、临潭县与泸定县。分析这几个指数最高的县域，他们的金融服务地域覆盖值也是最高的，这在一定程度上说明金融机构网点不足仍然是制约藏区普惠金融发展的主要因素❶。

测算过程中，地域覆盖、人员覆盖、存款使用与贷款使用各指标的权重系数分别为0.337404、0.176131、0.230636、0.255828，金融机构地域覆盖在普惠金融发展评价指标中的权重较大，金融服务存款使用与贷款使用两个指标的权重基本相差不大。各维度的权重越大，表明在总体评价中的重要性越高。

为了系统分析藏区县（区）各维度指标具体情况，表4-11列出了各指标取值前20%与后20%的县（区）分布状况，通过分析，可以发现普惠金融指数相对较高的县（区）主要集中于甘肃省与四川省内。比较而言，西藏自治区、青海藏区的普惠金融发展水平较低。

每万平方千米金融机构网点数最多的前20%的县（区）主要集中于甘南藏族自治州、阿坝州、甘孜州的两个县以及迪庆藏族自治州，西藏自治区进入前20%的县包括拉萨市的堆龙区、达孜县、曲水县，日喀则市的桑珠孜区，山南地区的乃东县、贡嘎县、琼结县以及曲松县。每万平方千米金融机构网点最少的后20%县主要集中在果洛州、玉树州与海西州。

四个指标中，每万人拥有的金融机构网点数指标去量纲处理数值的标准差是最小的，这表明藏区各县（区）金融机构网点人员覆盖情况差距不

---

❶ 需要说明的是，近年来许多助农取款服务点、"三农金融服务点"的开设大大提升了藏区金融服务的覆盖面，但是受数据来源限制，本书构建的普惠金融指数并未包含这些指标。

算太大。每万人拥有的金融机构网点平均值为 0.2242，这也反映出藏区金融机构网点的人员覆盖率整体相对较低。

表 4 – 11　县（区）各指标取值分布表

所属省区	金融服务的供给覆盖程度		金融服务的需求使用情况		普惠金融指标
	地域覆盖	人员覆盖	存款使用	贷款使用	
前20%	西藏	堆龙德庆区、达孜县、曲水县、桑珠孜区、乃东县、贡嘎县、琼结县、曲松县	堆龙德庆区、康巴县、亚东县、聂拉木县、萨嘎县、巴宜区、米林县、察隅县、波密县、朗县、工布江达县、琼结县、加查县、曲松县、札达县、措勤县	亚东县	巴青县	堆龙德庆区、琼结县
	青海	同仁县、尖扎县、贵德县	海晏县、祁连县、玛多县、德令哈市、天峻县	班玛县、达日县、久治县、玛多县、玉树市	共和县、玉树市、德令哈市、格尔木市	同仁县、尖扎县、玉树市、德令哈市
	甘肃	合作市、舟曲县、迭部县、临潭县、天祝	迭部县	合作市、舟曲县、迭部县、临潭县、卓尼县	合作市、夏河县、舟曲县、迭部县、临潭县、卓尼县、天祝县	合作市、夏河县、舟曲县、迭部县、临潭县、卓尼县、天祝县
	四川	马尔康市、金川县、小金县、汶川县、理县、茂县、泸定县、丹巴县	马尔康市、小金县、红原县、理县	马尔康市、金川县、小金县、阿坝县、茂县、九寨沟县、康定市、泸定县、丹巴县、炉霍县、甘孜县、色达县、理塘县、巴塘县、稻城县	马尔康市、小金川、理县、松潘县、九寨沟县、黑水县、康定市、泸定县、丹巴县、雅江县、乡城县、道城县、木里县	马尔康市、金川县、小金县、济川县、理县、茂县、松潘县、九寨沟县、康定市、泸定县、丹巴县、乡城县、
	云南	香格里拉市、维西县			香格里拉市	香格里拉市

文化差异与普惠金融发展

所属省区	金融服务的供给覆盖程度		金融服务的需求使用情况		普惠金融指标
	地域覆盖	人员覆盖	存款使用	贷款使用	
后20% 西藏	定日县、昂仁县、仲巴县、萨嘎县、察隅县、错那县、浪卡子县、申扎县、聂荣县、尼玛县、双湖县、札达县、措勤县	林周县、边坝县、丁青县、类乌齐县、南木林县、定日县、萨迦县、白朗县、仲巴县、索县	林周县、当雄县、墨竹工卡县、卡若区、左贡县、芒康县、洛隆县、边坝县、江达县、贡觉县、丁青县、桑珠孜区、江孜县、定日县、昂仁县、白朗县、聂拉木县、朗县、桑日县、那曲县、聂荣县、索县、尼玛县、札达县	卡若区、芒康县、江达县、桑珠孜区、仲巴县、聂拉木县、巴宜区、米林县、波密县、乃东县、札达县	林周县、卡若区、芒康县、洛隆县、边坝县、江达县、丁青县、类乌齐县、定日县、萨迦县、昂仁县、仲巴县、聂拉木县、尼玛县、札达县
青海	甘德县、达日县、久治县、玛多县、杂多县、称多县、治多县、囊谦县、曲麻莱县、格尔木市、天峻县、都兰县	门源县、同德县、甘德县、达日县、杂多县、称多县、治多县、囊谦县、曲麻莱县	称多县、天峻县	玛沁县、班玛县、甘德县、久治县、玛多县杂多县、称多县、治多县、囊谦县、曲麻莱县、天峻县	班玛县、甘德县、杂多县、称多县、治多县、囊谦县、曲麻莱县、天峻县、都兰县
甘肃					
四川	石渠县	阿坝县、道孚县、德格县、白玉县、石渠县、色达县		红原县、甘孜县、新龙县、白玉县	德格县、白玉县
云南		维西县			
权重	0.337404	0.176131	0.230636	0.255828	
无量纲值标准差	0.153324	0.13996	0.14785	0.215711	0.1094131

注：总样本中有 59 个县（区）属于西藏自治区；30 个县（区）属于青海省；属于甘肃省的县（区）9 个；属于四川省的县（区）32 个；云南省 3 个。

110

居民储蓄存款余额占 GDP 比重最低的20%县域主要集中于西藏各地区，而最高的20%县域主要集中于甘南、阿坝以及甘孜地区。这反映了西藏自治区农牧民的经济消费习惯仍主要受传统观念影响，对储蓄存款业务的接受程度相对较低，而在甘肃、四川等地的藏区人民消费习惯正在逐渐发生转变，相对来说，这些地区的人民对现代金融机构的储蓄存款业务接受程度更高。

与储蓄使用情况相比，西藏自治区各县贷款使用情况表现相对尚可，并不算差。这主要得益于近年来农行西藏分行流动金融服务网点、"三农金融服务点"的推广，以及在国家对西藏农行贷款的利率补贴政策支持下，西藏四卡信用证的推出，使得农牧民在信用额度内均能较方便地获得低息贷款，极大地满足了农牧民的贷款需求。贷款使用情况相对较差的20%的县（区）集中在果洛藏族自治州以及玉树藏族自治州。贷款使用情况相对较好的前20%县（区）仍主要集中在四川、甘肃藏区。

另外，通过观察可以发现，西藏各地区州府所在地，日喀则市（桑珠孜区）、林芝地区（巴宜区）、山南地区（乃东县）、那曲地区（那曲县）存在一个共同的特征：金融机构网点的覆盖情况较好，但是金融服务的使用情况表现都比较差。

4.4.3.2 藏区普惠金融发展水平区域差异特征

（1）总体特征上，藏区普惠金融水平普遍偏低，县（区）之间差距较大

普惠金融指数处于 0.3 以下的县共有 116 个，占到总样本的87.22%，这反映出藏区整体普惠金融发展水平偏低。2013 年，普惠金融发展指数最高的舟曲县是取值最低的称多县的 26.21 倍，县（区）间差距较大。甘肃、四川藏区形成了普惠金融发展指数的相对高值聚集区，相对低值聚集区主要集在昌都、玉树地区。总体来看，藏区普惠金融发展程度普遍偏低。比较而言，非藏区相邻县（区）普惠金融发展水平相对较高。

（2）指标特征上，构成普惠金融指数的四个指标县（区）空间差异

较大

通过指标权重计算，可以发现四个指标在普惠金融指数测算过程中并不是同等重要的，金融机构网点地域覆盖指标所占权重相对要大一些。四个指标县（区）间差异最大的是贷款占 GDP 比重，其次是每万平方千米金融机构数，然后是存款占 GDP 比重，每万人拥有的金融机构网点差距最小。西藏自治区县（区）存款占 GDP 的比重明显偏低，这一方面由于农牧民收入偏低，另一方面也反映出藏区农牧民仍然受传统以持有现金与财物为主的消费习惯影响，对存款业务的接受程度相对较低。存款占 GDP 比重、贷款占 GDP 比重相对较高的县（区）主要集中在四川、甘肃地区。

4.5　本章小结

藏区具有浓厚的宗教文化氛围，这一事实使得研究文化信仰与普惠金融发展的关系时，有必要将藏区作为独立样本进行系统分析。因而，为了能够进一步系统分析藏区文化信仰因素与普惠金融发展之间的关系，首先需要了解藏区的地理人文环境与经济金融发展状况。为此，本章从经济社会特征、藏区文化信仰环境、普惠金融发展现状三个角度对藏区基本状况进行了系统描述，并通过构建普惠金融指数，对藏区普惠金融发展水平进行了测度。

首先，藏区具有特殊的经济地理特征。藏区恶劣的地质气候条件、较高的文盲率制约了地区经济发展，为了促进藏区经济发展与社会稳定，中央先后召开六次西藏工作座谈会，赋予藏区一系列特殊优惠政策。在大量财政扶持与优惠政策带动下，藏区经济发展取得了举世瞩目的成就，但是与全国其他地区相比经济发展水平仍然落后，且地区经济发展缺乏内生动力。

其次，藏区特殊的文化环境体现在其所具有的深厚宗教文化信仰氛围上。藏族民众几乎全体信仰藏传佛教，而藏区浓厚的文化信仰氛围最直接的体现就是众多的宗教活动场所，藏区每万平方千米拥有佛教活动场所24.5519处，万人拥有佛教活动场所4.1275处，远高于全国0.2525处/万人的佛教活动场所人口分布密度。同时，藏传佛教以其特有的价值理念指导与影响着藏区民众的社会与经济活动。

再次，从金融服务供给与需求两个角度对藏区普惠金融发展现状进行了分析。数据显示，藏区金融服务供给主体单一，每个营业网点服务半径大，从而严重影响藏区金融服务的可得性；同时，较低的储蓄存款余额占GDP比例与贷款余额占GDP比例也间接反映出藏区金融服务需求满足率较低的事实。

最后，普惠金融指数测度结果显示藏区普惠金融发展水平普遍偏低，普惠金融发展指数最高县与最低县之间存在较大差距。普惠金融发展水平相对较高的县域主要在甘肃、四川藏区，而取值相对较低的县域主要分布在西藏昌都地区与青海玉树地区。具体构成普惠金融指数的各指标在藏区县域间存在较大差异，四川、甘肃藏区的金融服务使用情况明显好于其他地区，西藏自治区县域存款占GDP比重明显偏低。

5 藏区文化信仰因素与
普惠金融发展关系检验

    本章将对藏区文化信仰因素与普惠金融发展之间的关系进行系统研究。首先，结合文献资料，以藏区经济发展现实为依据，系统分析文化信仰因素对藏区普惠金融发展的影响机制；然后，以上章对藏区普惠金融指数的测度结果为基础，将文化信仰环境纳入影响因素体系，分别采用OLS回归与分位数回归方法实证检验藏区普惠金融发展的影响因素。分析结果表明：作为一种复杂的社会系统，宗教教义、教规、宗教徒、宗教组织等宗教的各个构成要素对普惠金融发展的影响各有侧重。藏区文化信仰因素对普惠金融发展的影响既存在以寺院为中心的宗教文化资源产生的影响，也有通过意识形态产生的影响，而且这些影响方式既有正向的激励也存在负向的抑制。文化信仰因素这种影响效应方向的不确定性也得到了实证检验结论的支持。实证结果表明除经济基础外，影响藏区普惠金融发展的两大关键因素包括政府规管与文化信仰环境差异。其中，文化信仰环境对藏区普惠金融发展具有显著的影响，且这种影响效应的方向是不确定的，即既存在正向作用，也存在负向影响。为此，藏区普惠金融发展需要建立在经济发展、政府规管以及充分认识文化信仰因素的作用机制基础之上。

5.1　普惠金融现有实证研究评述

近年来，普惠金融的发展受到了国内外社会的广泛关注与积极参与。十八届三中全会正式提出"发展普惠金融，鼓励金融创新，丰富金融市场层次和产品"的发展目标。2015 年 12 月国务院印发了《推进普惠金融发展规划（2016—2020 年)》，从提高金融服务覆盖率、提高金融服务可得性以及提高金融服务满意度三个方面提出了普惠金融发展的总体目标。

伴随着金融发展，金融机构提供的各项金融服务的覆盖范围不断扩大，但是金融发展在惠及大部分人的同时，总有一部分处于弱势地位的个人与企业被排斥在外。发展普惠金融体系最直接的目的便是要尽力改变传统金融体系中存在的金融排斥现象。普惠金融发展有利于带动低收入家庭进行消费，促进中小微企业更加健康地运行，从而提高人们的生活水平与质量（Karlan & Zinman，2010；Dupas & Robinson，2013)。国际经验表明，建设普惠金融体系有利于生产资源的合理配置，缩小贫富差距，从而减少贫困的发生。Anand 与 Chhikara（2012）利用跨国数据研究表明，普惠金融指数每增加 1 个百分点，人类的价值指数就会增加百分之 0.142，同时金融服务的可得性与使用频率同贫困率呈负相关关系。世界银行扶贫协商小组（CGAP）在 2008 年推出普惠金融体系的纲领性文件——《服务所有人——建设普惠性金融体系》中，从微观与宏观角度深入解析了建立普惠金融体系的重要性、难度以及措施。

国内关于普惠金融的经验研究多是基于国家层面进行纵向时间序列比较（王婧、胡国晖，2013 等)；或是基于省际层面，横向比较不同省份普惠金融发展水平差异（王伟等，2011；张国俊等，2014；焦瑾璞等，2015；李建军、卢盼盼，2016 等)；很少有文献基于县域数据进行研究，目前尚未发现有文献通过构建普惠金融指数测度藏区的金融包容性水平，从而定量分析影响藏区普惠金融发展的因素。而研究这一问题无论对学术研究还是政策制定都是非常重要的。藏区文化环境因素在普惠金融发展中起到怎样的作用？藏区普惠金融发展的影响因素有哪些？为此，本章将以藏区县（区）数据为例对此展开研究。相较于以往普惠金融相关文献，本研究的贡献主要体现在以下几方面：首先，以藏区经济社会现实为基础，系统论述文化信仰环境因素对藏区普惠金融发展的影响机制；其次，结合上章对2013年藏区各县（区）的普惠金融指数的测度结果，将文化信仰因素纳入影响体系，实证检验藏区各县普惠金融空间差异的影响因素。具体的，着重回答以下三个问题：第一，藏区文化信仰因素在普惠金融发展中具体产生怎样的影响？第二，藏区普惠金融发展的影响因素有哪些？第三，从实证分析结果中获得了怎样的政策启示？

5.2 藏区文化信仰因素对普惠金融发展影响机制分析

5.2.1 以寺院为中心的文化资源产生的影响

5.2.1.1 以寺庙为中心的集市贸易对经济的带动

藏区经济社会发展历史表明，每一次寺院的建成和发展都标志着政治和宗教文化的延伸。在官方敕赐、庄园富豪捐赠、民间布施，以及教经、念经、译经收取财物等多渠道财产来源支持下，寺院逐渐成为藏区庞大的经济实体。每次寺院建成与教派成立后，都会很快地成为藏族地区的经济、政治、文化中心，成为地区经济发展的主导力量。寺院一般都修建在交通便利、经济发达的地区，随着寺院的建立，寺院附近会形成大小不一的城镇，人们在这里举行宗教活动的同时，也会进行农牧业产品的交换与贸易。作为一种相对独立的经济实体，藏传佛教寺院在藏族地区经济运行中起着重要作用。无论在历史上还是现实中，以寺院为中心的商业贸易在藏族地区都相当活跃。藏族地区的不少藏传佛教寺院发挥着集市贸易功能，为藏区农牧民参与市场经济、促进地区经济发展创造了良好的客观条件，对社会经济资源产生了一定的集聚效应。

许多商人选择寺院周边作为从事商业活动的最佳场所，不仅在寺院周边开办商店，而且每逢法会也会有其他地区的商人云集在寺院周边开展商业活动。以西藏拉萨市的大昭寺为例，大昭寺首先是藏族地区一处权威的朝觐圣地，每年前来朝拜的信徒络绎不绝，它在藏族群众心目中具有不可替代的崇高地位。同时，围绕大昭寺形成的八廓街也是整个藏族地区规模最大且最繁华的集贸市场。这里除了有藏族地区丰富多彩的手工产品与民族特色产品之外，还汇集了来自全国各地的日用品、家电产品，以及从周边国家进口的小型工艺品等，每天在八廓街从事商业活动的人数多达数千甚至上万人。寺院之所以能发挥集市贸易中心功能，很大程度上取决于寺院吸引四方香客游人的宗教魅力。甘肃省夏河县境内的拉卜楞寺是格鲁派六大寺院之一，每年来朝佛的信众络绎不绝，给拉卜楞寺周边商业活动带来生机，寺院周边商贾云集，是广大藏族农牧民经商与购置物品的最佳贸易市场。以塔尔寺为中心的湟中县集市贸易是青海藏区一个最活跃的民间集贸市场，在青海省的民族贸易运行中占有重要地位。在青藏高原特殊的人文地理背景下，藏区许多寺院在发挥高原集市贸易作用的同时，又扮演着高原城镇的角色。今天的拉萨古城就是在以大昭寺为核心的寺院基础上发展起来的高原重镇，有说法称"先有大昭寺，后有拉萨城"；西藏日喀则地区的萨迦县是以萨迦寺为中心建立的新兴城镇；甘肃省夏河县以拉卜楞寺为核心建立，而且是甘南藏族自治州境内规模最大且市场繁荣的高原城镇。这种以寺院为中心建立起来的县城在藏族地区不胜枚举，如白居寺与江孜县、昌珠寺与乃东县、强巴林寺与昌都镇、札什伦布寺与日喀则市等。在藏区，不少寺院既是宗教圣地，又是人文景点，同时又发挥着高原集市贸易中心的作用，对地区经济发展具有一定带动作用。金融机构的逐利性也使得许多金融机构会首先选择在商贸中心地区建立分支机构。因此，一般在这种以寺院为中心的商贸集市地区金融体系也相对发达，民众都能较方便地获得基本的金融服务，因而金融服务的可得程度相对较高。

我们绘出了藏区 17 个地区（州）宗教活动场所与金融机构网点分布图（如图 5-1 所示）。整体来看，藏区金融机构网点的布置与宗教活动场所的分布呈现一定的正向相关关系。为了进一步验证这种相关性，我们检验了金融机构网点数量与宗教活动场所数量之间的相关系数，结果显示，两者之间存在正的相关性，相关系数取值为 0.4197，对应 P 值为 0.0517。相关系数对应的显著性水平并不是很高，但在放宽显著性要求 10% 的显著性水平下，这种正向相关关系仍然是存在的。这在一定程度上表明了寺院在集聚经济社会资源方面的正向作用。因此，藏区寺院作为商贸中心的集聚效应，使得在寺庙聚集区域金融机构也相对集聚，因而民众金融服务的可得程度也相对较高。

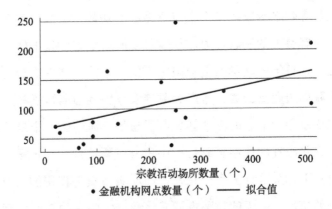

图 5-1 藏区各地（州）宗教活动场所与金融机构网点关系图

注：金融机构网点数据来自中国银行业监督管理委员会网站；宗教活动场所数量来自宗教活动场所基本信息登记网站。

5.2.1.2 以文化信仰资源为中心的旅游业发展对经济的带动

藏区拥有奇异壮美的自然景观与独特神秘的人文景观，拥有丰富的旅游资源，而浓厚的藏传佛教文化氛围使得藏区旅游更具特色。21 世纪以来，随着宗教旅游业的兴起，藏传佛教寺院旅游已由最初单纯的朝圣逐渐发展为具有地域宗教文化特色的旅游活动，以寺院为中心的旅游业的发展对地区经济发展具有重要意义。同时，旅游业的发展对第三产业的发展有重要贡献，市场化部门中的批发零售餐饮业、社会服务业、交通运输邮电通信业的快速发展，都得益于旅游业发展所带来的重大机遇。旅游产业作为第三产业的重要组成部分具有蓬勃活力与巨大的发展潜力，而其所创造的巨大社会效益也越来越受到人们的重视。藏区旅游业发展对带动地区经济发展起到了重要作用。

近年来，藏区以其特有的自然地理与宗教文化环境吸引着越来越多的旅游者，旅游业在藏区经济发展中具有重要推动作用。由于数据来源欠缺，我们无法确切分析宗教文化资源因素通过旅游发展对藏区经济发展的带动作用。但是，可以肯定的是人们之所以选择去西藏、四省藏区这些藏族聚集区域旅游，除源自青藏高原独有的自然地理环境外，更多的是被这些地方所特有的浓厚宗教文化环境氛围所吸引。因此，可以通过借助分析旅游产业对地区生产总值的贡献，间接分析藏区特殊宗教文化环境通过旅游发展渠道对地区经济发展所做的贡献。

以西藏自治区为例：西藏拥有诸多国家级旅游景区，浓郁的宗教文化氛围更是给这些景区增添了神秘色彩。随着旅游资源的开发，旅游业占有第三产业的比重逐年增加，特别是 2006 年青藏铁路的全线通车，降低了游客去往西藏宗教圣地旅游的交通成本，使得西藏旅游业进入"井喷式"的发展。2014 年西藏实现旅游总收入 204 亿元，累计接待国内外游客达 1553 万余人次，西藏旅游总收入占第三产业比重高达 41.43%，占地区生产总值的 22.15%。在旅游业发展推动下，第三产业产值占地区生产总值的比重逐年增加，2014 年第三产业产值占 GDP 比重高达 53.47%。在旅游业快速发展背景下，"走旅游路、吃旅游饭、发旅游财"正逐渐成为广大农牧民的普遍意识。截至 2014 年年末，西藏有 8.2 万名农牧民从事旅游接待服务，旅游接待服务收入 6.64 亿元，人均收入达 8076 元。❶ 旅游业对西藏目前"三二一"产业结构的形成有着直接影响，是西藏经济社会发展的主要动力。

---

❶ 数据来源：扎西，《2014 年西藏旅游收入超过两百亿元》，人民日报 2015 年 8 月 22 日。

随着旅游业的发展，旅游对西藏地方经济发展的贡献率逐年提升（如图5－2所示）。

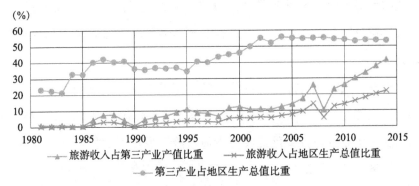

图5－2 西藏旅游业发展情况图

注：图中数据来自《2015年西藏统计年鉴》，并经作者计算整理得来。

以青海藏区为例：青海藏区拥有塔尔寺、十世班禅故居、南宗寺、隆务寺等众多佛教寺院，以及包括青海湖、阿尼玛卿山、日月山等被赋予宗教色彩的山河湖泊。诸多具有民族宗教文化特色的旅游景点提升了青海藏区的旅游魅力，带动了地区经济发展。2014 年，青海玉树藏族自治州实现旅游收入 1.6 亿元，接待游客 30.17 万人次；黄南藏族自治州实现旅游总收入 8.69 亿元，接待游客 301.96 万人次；海南藏族自治州实现旅游总收入 8.64 亿元，接待游客 322.4 万人次；海北藏族自治州旅游总收入达 12.74 亿元，接待游客 563.82 万人次。[1]

以甘肃甘南州拉卜楞寺为例：甘肃夏河县拉卜楞寺位于夏河县城西 1 千米处，与哲蚌寺、色拉寺、甘丹寺、扎什伦布寺、青海的塔尔寺合称为藏传佛教格鲁派六大寺院。围绕拉卜楞寺的旅游发展是夏河县经济发展的主要动力源泉，2014 年夏河县全年接待游客 119 万人次，旅游综合收入达到 5.2 亿元，占地区生产总值比例高达 35.18%。[2] 拉卜楞寺已成为甘南州的

---

❶ 数据来源：唐仲蔚，《青海藏区旅游业前景可期》，青海日报 2015 年 4 月 1 日。
❷ 数据来源：《甘肃发展年鉴 2015》，299－300 页。

王牌旅游名片，是夏河县甚至甘南州经济发展的重要动力来源。

藏区以其特有的宗教文化环境吸引着众多的游客，宗教文化环境因素在藏区旅游业的发展中具有重要作用。而随着旅游的发展，旅游业在藏区经济发展中起着越来越重要的作用。根据世界银行组织的测算，旅游业每直接提供1个就业机会，社会就可新增5个间接就业机会；旅游业每直接收入1元，相关行业就可增收4.3元。随着旅游业的发展，广大农牧民以农家乐、家庭宾馆、牧家乐、销售旅游纪念品、景区运输等形式参与到旅游发展当中，将自身逐渐从贫困的现状中解脱出来，提升家庭收入水平。在旅游产业带动下，伴随经济生活发展、人民生活水平的提升，有效金融服务需求会增加，而这也将成为普惠金融发展可持续的重要动力源泉。

5.2.1.3 藏区文化信仰对普惠金融影响的最直接体现就是寺庙金融

在广大藏族聚集区藏传佛教十分盛行，由于信徒大量向寺庙捐赠财产，同时寺院本身也从事一些经济活动，通常寺院具有较强的经济实力，在维持其自身运转之后许多寺庙都有一定的闲散资金，会用于贷款给农牧民，并会相应收取一定的利息。寺院发放借贷是在藏区广泛存在的一种借贷形式，借款者一般为寺院的信徒。寺院借贷在藏区具有久远的历史传统，在政教合一时期，寺庙贷款是广大藏民主要的资金来源，而寺庙也有相对完善的借贷规则。民主改革后，有段时间寺庙借贷曾被取消。改革开放以后，伴随着寺庙香火的重新兴旺，藏区寺庙借贷形式又重新活跃起来。但是由于寺庙金融本身所具有的隐蔽性特征，其规模并不能很好掌握。

近年来，随着农业银行在西藏自治区"钻、金、银、铜"四卡信用证业务的开展，只要在信用额度内农牧民都能较方便地从农业银行获得相应的贷款，寺院借贷在西藏自治区区内已不多见。但是在其他四省藏区，寺院借贷因其独特的优势，仍受到一些农牧民的青睐，寺庙借贷服务仍然比较活跃（中国人民银行成都分行课题组，2006；中国人民银行甘孜中心支行课题组，2008；刘建康，2010；蒋霞，2015）。藏族人民对佛教的信仰以及寺院放贷的悠久历史，使得很多农牧民更倾向于向寺院借钱，使得寺的借贷活动在交易成本以及风险补偿方面占据优势。信徒向寺院借贷一般需要寺院的僧人作为介绍人，寺院会根据贷款用途与对贷款人的信用评估而规定不同的利率，如果是生病急需借款，利率一般会很低，而如果是经商，利率会高于农信社等正规金融机构的贷款，寺院借贷一般要求写借条，但不需要抵押物❶。借款人出于对宗教的虔诚，一般都能按期或者提前还款。寺院贷款100%的还款率也让所有其他防范风险的金融制度安排黯然失色。在宗教氛围相对深厚的地区，寺院的借贷活动特别活跃，而正规金融由于对信用状况较为担心，贷款审批严格，往往不能有效满足农牧民的贷款需求。

寺院从事民间借贷活动，从侧面反映出藏区正式金融机构金融服务供给不足的现实。寺庙金融的存在，对缓解边远藏区农牧民生产生活资金需求起到了积极作用，一定程度上起到弥补正规金融服务供给不足的作用。同时，寺院金融的存在对正规金融服务发展存在挤出效应，这种挤出效应主要体现在对信贷资金来源的挤出。广大农牧民自愿将积蓄捐给寺庙，构成了寺庙借贷的有效资金来源，但却使正规金融机构在动员储蓄方面形成较大困难。

5.2.2　文化信仰通过意识形态产生的影响

5.2.2.1　文化信仰环境对藏区民众经济观念的影响

信仰性是宗教文化的一个重要特征，"信仰，是指人们对某种宗教、一定的主义的极度尊崇和信服，并把它奉为自己的行为准则，甚至终生不移。或者说，信仰就是人在行为活动中自觉地站在一定的立场上，遵循一定的准则和活动方式。因此，信仰是一种态度，一种根本的态度，一种做什么和不做什么的态度。"❷信仰不只是一种思维方式，更是一种生活方式。藏区

---

❶ 蒋霞，2014：《中国藏区金融服务体系探讨》，《民族学刊》第6期，第29页。
❷ 龚群，1991：《人生论》，中国人民大学出版社，第172页。

民众对藏传佛教的信仰影响着信众的意识形态，从而指导着信众的日常经济行为。宗教文化注重维护精神与信仰，而经济生活则注重科学和理性主义，这种不同的立场使得宗教与经济之间存在一定的矛盾。藏族民族信仰宗教的悠久历史与广泛群众基础，已经使得宗教意识在人们的头脑中根深蒂固，人们在经济生活中的行为会自觉或不自觉地受宗教文化因素影响。

宗教文化以培养博爱、慈悲思想为目标，是基于信仰之上的精神生活；经济活动则通过市场竞争，以理性追逐利益为目标，是建立在理性思考之上的物质生活。宗教培养信众禁欲、冥思的生活态度，而经济活动则造就充满竞争、追逐利益的价值取向。藏传佛教强调精神修养，而藐视物质的价值。藏族信众以追求精神的升华，为来世投生铺路搭桥为人生目标，通常他们不会为追求高官厚禄而四处奔波，也不会竭尽全力追求现实的荣华富贵，更不会绞尽脑汁追求物质文明。由于佛教文化在藏区传播的广泛性与深入性，藏区民众重精神轻物质的人生哲学，是藏传佛教影响下藏族人民处理精神与物质之间关系的一贯立场和态度。在这种价值观念影响下，藏区人民形成了特有的心理结构、价值取向与行为方式，在现实经济中表现为市场经济意识淡薄。事实上，现在藏区许多信众也不再像过去那样只关注来世，也开始越来越重视现实的满意程度，但是市场经济意识淡薄仍是藏区民众的典型特征。

藏区信仰以藏传佛教为主，佛教倡导清心寡欲，对财富的欲望相对较低，相应的金融服务需求也少。因而，藏传佛教信众较多的地区，人们的财富欲望相对较弱，财富积累程度较低，对金融服务的需求也会较少，从而一定程度上会抑制金融服务的发展。藏区各县（区）在相同的文化信仰环境条件下，由于信众数量的不同，文化信仰氛围存在一定的差异，我们通过检验藏区 148 个县（区）包括地区生产总值、居民储蓄存款余额、年末金融机构各项贷款余额与少数民族占比数据之间的关系，对藏传佛教信众相对经济意识淡薄、金融活动参与积极性不高的事实进行验证。

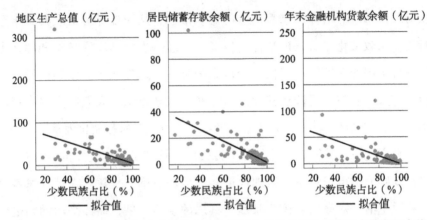

图5-3 藏区各县（区）少数民族占比与经济金融行为活动关系散点图及拟合值

注：数据来自第六次全国人口普查数据与《2014中国县域统计年鉴（县市卷）》。

从图5-3我们可以发现，藏区各县少数民族占比与地区生产总值、居民储蓄存款余额、金融机构各项贷款余额之间存在负向相关关系，也就意味着在藏区各县少数民族人口占比越高相应地区的经济生产产值越低，储蓄与贷款等金融活动的参与率也相对较低，这在一定程度上表明了受藏传佛教思想影响藏族信众市场经济意识相对淡薄的事实。为了进一步检验少数民族占比与经济金融活动的负相关关系，我们对藏区各县（区）少数民族人口占比与地区生产总值、居民储蓄存款余额、年末金融机构各项贷款余额的相关系数进行了检验（如表5-1所示）。检验结果表明，少数民族占比与地区生产总值、居民储蓄存款余额、年末金融机构各项贷款余额之间相关系数显著为负，且取值均在-0.5以下。

表5-1 藏区各地少数民族占比与经济、金融发展之间相关系数矩阵

	地区生产总值 （亿元）	居民储蓄存款 余额（亿元）	年末金融机构各项 贷款余额（亿元）
少数民族占比（%）	-0.5173*	-0.6526*	-0.5213*

注：*表示1%显著性水平。

5.2.2.2 文化信仰作用下藏区民众具有良好的道德规范

市场经济健康良性运行是以市场经济主体之间平等的交易活动为前提，

要求具备自主性的理性直觉，重视自由、平等、竞争、权利等基本市场运行法则。也就是说，市场经济的良性运行不仅需要对利益欲望的驱动，而且需要市场主体具备限制不当得利的道德意识与伦理规范。这是由于人的欲望是无限的，人们为了满足自身日益膨胀的物质利益往往会不惜代价，有的甚至会铤而走险走上犯罪道路。道德风险与逆向选择问题无法有效解决，导致金融机构惜贷、借贷合约无法有效达成等问题层出不穷。宗教自成体系，属于深奥艰涩的思想、理论与学说。宗教不仅包含对世界、社会、人生等客观存在做出的一定解释，而且也对人在社会上的行为活动做出的一定规定，即拥有关于主体（人）如何从事活动的行为准则。❶ 也就是说，非正式制度的宗教文化能够起到很好的道德规范约束作用。

藏传佛教作为佛教信仰体系分支，遵循佛教基本教义准则，拥有一整套内容广泛的宗教道德准则，对出家僧尼与在家信众起着重要的规范作用。藏传佛教以"十善业""六度"为诚信友善的基本道德信条，倡导"诸恶莫作、众善奉行"的核心要义，要求无论在家还是出家，首先必须停止和禁止不应有的恶意与恶行，不可妄造恶业，同时应当发善心善愿，行善事善业。要避开道德上、宗教上的恶德与不善，同时在肉体健康、法律与经济方面也不能做和教理相违背的事情。由藏传佛教所支撑的藏民族体现出诚实守信、利他共处等特征（华热·才华加，2003）。同时，藏族地区由宗教道德所规范的生活模式，对社会经济伦理也产生着重要影响。在传统的宗教文化价值影响下，藏族人面对市场经济运行表现出真诚的、平等互助的、慈悲行善的、讲信誉的良好品质。在一个信用文化趋于"更加信任"的社会，金融业经营的效率越高，成本越低（陈雨露、马勇，2008）。因而藏区宗教文化的道德约束功能为化解市场经济运行中的道德危机提供理论基础，对于市场经济有效运行，普惠金融体系的健康发展具有正向促进作用。在市场经济背景下，这些良好品质应当继续予以传承与发扬。

---

❶ 尕藏加，2010：《藏区宗教文化生态》，社会科学出版社，第 97 页。

5.2.2.3　藏传佛教"普度众生"思想与"普惠金融"间的逻辑一致性

佛教的主旨在于帮助人们摆脱人生中的各种烦恼，从而达到涅槃的境界。佛教的大乘教义在救度自身之外，还要求能救度一切众生。在统一的社会整体中，个人不可能脱离他人而存在，只有在众生解脱的基础上个人才能够得到真正的解脱。大乘佛教强调普度众生、救苦救难的使命，提倡自利利他、自觉觉人，旨在帮助众生渡过生死苦海，因而充分肯定慈悲平等、乐善好施等具有鲜明佛教特色的观念。大乘佛教以慈悲心为出发点，要求信徒能够不惜财产甚至性命，进行慷慨施舍、济贫助困、从事慈善活动。藏传佛教是世界佛教的重要部分，主要奉行大乘佛教宗旨，主张普度众生，兼善天天，把利他放在了非常重要的地位。乐善好施、宽容大度、利益众生等思想在全民信教的藏区表现得尤为突出，"吉都""越贵吉都"❶ 等民间互助组织在藏区广泛存在。因此，以普度众生为己任的普世理念成为藏传佛教的主要伦理观，众生的包容边界包含轮回中的所有生命体。

普惠金融中的"普惠"思想来自西方国家，其基本含义是指包容性（inclusion）。普惠金融体系是指金融体系应该具有包容性特征，应当通过有效的方式使得金融服务能够惠及每一个人、每一个群体，特别是那些通过传统金融体系难以获得金融服务的弱势群体。作为现代经济的核心要素，金融的逐利性使得金融资源的配置倾向于富有者，而有金融服务需求的弱势群体却不能有效获得正规的金融服务，从而导致资源分配不均，贫富差距加大。普惠金融的内涵强调平等性，提倡不受经济与身份的制约，为所有的社会成员提供相应的金融服务。普惠是普惠金融的伦理基础，它的包容边界应该覆盖所有人，是指每一个人、每一个群体都应当得到善待。

---

❶ "吉都"，藏语意为"乐苦"即"共同乐苦会"，多为民间互助的群众团体。藏区民间，尤其是城镇中的许多平民百姓都愿意加入吉都，找寻集体的欢乐，得到众人的资助以及寻求心理的慰藉。吉都主要分为宗教类与非宗教类两种类型。"越贵吉都"是一种非宗教类的经济互助组织，具体做法是成员每月碰头一次，并拿出规定的钱数摆放在写着个人名字的布条上，再掷骰子，由骰子的点数确定这些钱属谁所有。已经中骰得过钱的人，下回只掏钱不参加掷骰，押钱时要加上若干利息。这样无论先后，所有成员在一轮中都能得到一次钱。如果会员中有人急需用钱，可以私下调剂。——参考中国民族宗教网：《吉都：藏族苦乐与共的民间社团》，作者平措扎西。

藏传佛教强调善待每一个生命体，只有在众生解脱的基础上个人才能得到解脱，因此敬爱众生、利乐众生是其最高价值；普惠金融强调金融服务应当覆盖所有人，让所有市场主体都能以合理的价值获得金融服务是其发展目的，两者存在逻辑上的一致性，使得藏区宗教文化环境对普惠金融发展能够起到正向促进作用。一方面，在藏区借助这一渠道宣传普惠金融相关业务，有利于普惠金融理念在藏区民众中的理解与接受，另一方面，也为普惠金融发展提供了一定的思路。在藏传佛教普度众生教义思想影响下，藏民族行善助人，且有较强的集体观念，"吉都""越贵吉都"等民间互助组织形式为普惠金融的发展提供借鉴，可以通过政策规范与引导推动民间金融互助合作组织的建设与发展，从而完善普惠金融体系。

5.2.3　藏区文化信仰因素影响普惠金融发展机制总结

藏区以藏传佛教为主的宗教文化，既具有文化性也具有社会性。事实上，藏传佛教不仅强有力地影响着藏区人民的社会经济行为，其本身也作为一种社会经济形态而存在。也就是说，藏区文化信仰一方面以寺院为中心的宗教实体直接形成一种经济实体参与到社会经济运行之中；另一方面通过意识形态作用于社会经济运作以及对人们的社会经济行为产生导向影响。文化信仰对普惠金融发展的影响也以这两种形式而存在。

本部分内容结合藏区经济运行实际，系统分析了藏区文化信仰因素对普惠金融发展的影响机制，一方面藏传佛教所倡导的出世理念对现代经济金融业的发展存在一定的抑制作用，制约了有效金融服务需求的形成；部分地方存在的寺庙金融活动对正规金融服务存在一定的挤出效应。另一方面，围绕寺院形成的集市贸易、藏区特有的宗教文化旅游资源对地区经济发展具有积极的带动作用；藏传佛教所具备的道德规范作用使得信众有良好的道德品质，益于金融发展诚信体系建设；与此同时，"普惠金融"理念与佛教所倡导的"普度众生"思想存在逻辑上的一致性，有利于普惠金融创新实践在藏区的宣传推广（如表 5 - 2 所示）。

表 5 - 2　藏区文化信仰因素对普惠金融发展的作用机制

	作用机制	作用方向
寺院渠道	寺院为中心的集市贸易：以寺院为中心对社会资源形成一定的集聚效应，围绕寺院形成的商贸中心促进经济发展，从而带动金融服务供给，提升金融服务可得性。	正向激励
	寺院为中心的宗教文化资源旅游：以寺院为实体的特有宗教文化氛围提升了区域旅游的魅力，从而促进农牧民家庭收入提升，促进地区经济发展，带动金融业的发展。	正向激励
	寺庙金融：寺院以其闲散资金发放贷款给农牧民并收取一定利息的形式在一些地区仍然具有一定吸引力。这种金融形式的存在一方面对正规金融产生一定的挤出效应，同时作为一种民间金融形式对正规金融无法触及的领域形成一定的补充。	负向挤出
俗众渠道	对藏区民众经济观念的影响：藏传佛教倡导清心寡欲的出世理念，导致人们对财富的欲望相对较低，一定程度上制约了信众对金融服务的有效需求。	负向制约
	良好的道德规范：作为市场经济与金融业运行的基石，诚信品质是极其重要的，而宗教文化具有的良好道德规范作用使得藏区信众具备良好的诚信品质。	正向激励
	"普度众生"思想与"普惠金融"间存在逻辑的一致性，有利于普惠金融理念与实践在藏区的宣传推广。	正向激励

5.3　藏区文化信仰环境差异对普惠金融发展影响的检验

5.3.1　变量选取与模型设定

普惠金融发展不仅取决于金融服务供给，还取决于金融需求使用情况，它体现在社会金融供给与需求共同作用下金融服务对社会的满足程度（特别关注于弱势群体）。普惠金融发展既受到经济因素影响，同时也受社会环境的制约。本部分以现有文献为基础，以普惠金融指数为因变量，将影响藏区普惠金融发展的因素概括如下。

第一类变量为经济因素指标：金融发展与经济增长之间密不可分，地区经济发展程度越高，就越容易吸引金融资源的流入，从而推动普惠金融的发展。参考现有文献，本文选择社会消费品零售总额（tconsume）与农牧民人均纯收入（netincome）来反映地区经济发展。

社会消费品零售总额（tconsume）是批发零售业、住宿和餐饮以及其他行业直接销售给城乡居民和社会集团的消费品零售额，是表现区域内消费需求最直接的数据，能够反映区域经济景气程度。通常认为，社会消费品零售总额越高，经济状况越好，从而普惠金融发展水平也会越高。农牧民人均纯收入（netincome）能够反映农牧民的实际可支配收入，通常情况下可支配收入的增加会直接促进对金融产品与服务的需求，同时促进普惠金融的发展。但是藏区农牧民人均纯收入普遍偏低，再加上受传统农牧民习惯持有现金因素的影响，对于低收入农牧民而言，人均纯收入的增加可能并不一定能显著促进普惠金融发展水平的提升，因此农牧民人均纯收入对普惠金融发展的影响存在不确定性。

第二类社会宏观环境因素指标：政府规管、固定资产投资、固定电话用户、城市化率。政府规管程度（fsgdp）能够反映政府对市场的干预程度，在藏区这种经济发展落后地区政府的管理能够减少金融排斥现象，提升地区普惠金融发展水平，因而政府规管对普惠金融具有正向的促进作用。藏区地广人稀，制约农牧民获取金融服务的主要因素便是金融服务的可得性，金融基础设施条件的改善能够有效提升农牧民金融服务的可得性。社会固定资产投资（invest）与固定电话用户（fixphone）的增加使得需求方获得金融信息与金融服务更加容易，从而促进普惠金融水平提升。但由于现在移动电话的普及，固定电话用户对普惠金融发展的影响可能不是很显著。城市化率（urbanratio），本书用非农业人口占总人口的比重来表示城市化率，一般认为相对于城市居民，乡村人口对金融产品与服务的接纳能力有限，因此县（区）整体城市化率越高，普惠金融发展指标也会相应越高。

第三类人口结构指标：年轻人占比（young）、文盲占比（教育水平）（illiteracyratio）、人口密度（density）。通常情况认为老人与儿童对金融产品的接纳能力有限，年轻人在社会中占比越高对金融服务的需求也会越多，从而推动金融普惠程度的提升，本书选取 15～64 岁人口占总人口比重来反映各县人口的年龄结构。普惠金融发展与教育水平密切相关，通常情况下，居民的教育水平越高对于金融服务的认识与接受程度也会越高，从而会促进金融服务需求的增加，本书用文盲人口占有 15 岁以上人口比重（illitera-cyratio）来反映县域人民的受教育水平。人口密度（density）能够反映人口的集中度，它对普惠金融发展的影响存在不确定性。

第四类文化信仰环境因素：藏区主要以藏族人民为主，藏族人民以全民信教为其典型特征。文化信仰因素影响着藏族人民经济社会生活的方方面面，与此同时，文化信仰因素对普惠金融发展的影响是不确定的，一方面藏传佛教宣扬清心寡欲，藏族人民对经济活动的热情不高，从而也限制了他们对金融服务的需求；另一方面藏族地区诸多城市的形成均是以宗教活动场所为核心，因此一般宗教机构多、宗教氛围浓厚的地区人口也相对集中，因而金融普惠度也相应较高。为了考察文化信仰因素对普惠金融的影响，我们用三个指标来度量藏区文化信仰环境：少数民族占比（min-nationratio）（考虑到藏区全民信教的事实，我们将少数民族占比这一比率归为文化信仰环境因素予以考虑）、宗教活动场所数量（religionsite）、宗教活动场所密度（density_religion）。

综上所述，为了对回归结果做出更好的解释，我们将模型设定如下：

$$\ln(IFI_i) = \beta_0 + \beta_1 \ln(netincome_i) + \beta_2 \ln(tconsume_i)$$
$$+ \beta_3 \ln(fsgdp_i) + \beta_4 \ln(invest_i) + \beta_5 \ln(fixphone_i)$$
$$+ \beta_6 urbanratio_i + \beta_7 young_i + \beta_8 illiteracyratio_i$$
$$+ \beta_9 \ln(density_i) + \beta_{10} minnationratio_i$$
$$+ \beta_{11} \ln(religionsite_i) + \beta_{12} \ln(density\_religion_i)$$
$$+ \varepsilon_i \tag{5-1}$$

5.3.2　数据来源

本研究中，经济相关数据主要来自《中国县域统计年鉴（县市卷）

2014》《中国民族统计年鉴2014》《中国区域经济发展年鉴2014》以及县域政府网站；人口数据主要来自2010年第六次人口普查数据；宗教活动场所数据来自国家宗教事务局网站。具体指标及描述性统计分析结果见表5-3。

表5-3　指标选择及描述性统计分析结果

变量	样本量	变量含义	均值	标准差	最小值	最大值
ifi	133	普惠金融指数	0.166	0.109	0.0221	0.580
netincome	139	农牧民人均纯收入（元）	6288	1730	3034	11249
tconsume	119	社会消费品零售总额（亿元）	3.407	6.718	0.190	48.30
fsgdp	147	政府规管程度（财政支出/GDP）	0.914	0.570	0.0920	3.739
invest	146	固定资产投资（万元）	175388	255342	2131	2346936
fixphone	143	固定电话用户（户）	5050	7271	285	55151
urbanratio	147	城市化率（非农业户人口占比）	13.55	10.58	2.020	60.33
young	147	15~64岁人口占有总人口比重	69.96	4.538	58.56	85.94
illiteracyratio	147	文盲人口占15岁以上人口比重	27.52	13.82	2.480	66.22
density	148	人口密度（人/平方千米）	12.73	44.45	0.126	533.6
minnationratio	147	少数民族占比	86.84	17.64	17.92	99.53
religionsite	148	宗教场所数量	22.61	18.10	2	105
density_religion	148	每万平方千米拥有宗教场所数	41.14	80.72	0.168	917.8

注：表中普惠金融指数为上一章的测度结果。

5.3.3　实证结果与分析

表5-4给出了藏区普惠金融发展影响因素的OLS回归分析结果，其中列（1）（2）（3）（4）分别表示在不考虑其他影响因素条件下，经济发展、宏观环境、人口结构与文化信仰环境各类因素对普惠金融发展的影响，列（5）为将所有变量引入模型的回归分析结果。

表5-4　普惠金融发展影响因素的OLS回归结果

变量	(1) ln (ifi)	(2) ln (ifi)	(3) ln (ifi)	(4) ln (ifi)	(5) ln (ifi)
ln (netincome)	−0.381 ** (−2.00)				−0.0278 (−0.16)

文化差异与普惠金融发展

变量	(1) ln (ifi)	(2) ln (ifi)	(3) ln (ifi)	(4) ln (ifi)	(5) ln (ifi)
ln (tconsume)	0.379 **				0.130 **
	(7.64)				(2.11)
ln (fsgdp)		0.253 ***			0.299 ***
		(3.20)			(3.47)
ln (invest)		0.214 ***			0.137 **
		(3.58)			(2.14)
ln (phone)		0.167 ***			0.107
		(2.62)			(1.40)
urbanratio		0.0142 **			0.0101 *
		(2.27)			(1.74)
young			0.0413 ***		0.0113
			(4.57)		(0.83)
illiteracyratio			− 0.00883 ***		0.000823
			(−3.19)		(0.25)
ln (density)			0.294 ***		− 0.0783
			(9.10)		(−0.70)
minnationratio				− 0.0152 ***	− 0.00329
				(−7.26)	(−1.18)
ln (religionsite)				− 0.449 ***	− 0.548 ***
				(−7.03)	(−4.33)
ln (density_ religion)				0.389 ***	0.480 ***
				(9.43)	(3.96)
cons	1.153	− 5.936 ***	− 5.143 ***	− 0.573 ***	− 4.591 **
	(0.70)	(−9.38)	(−7.72)	(−3.20)	(−2.46)
R^2	0.362	0.408	0.603	0.571	0.756
Adj R^2	0.350	0.389	0.594	0.561	0.724
N	106	128	132	132	104

注：括号内为 t 统计值；***、** 与 * 分别表示估计结果在 1%、5% 和 10% 的水平上显著；表中变量含义如表 5 - 3 所示。

首先在不考虑其他因素的条件下，分别对经济发展、宏观环境、人口结构、文化信仰环境各类因素对普惠金融指数影响进行回归。回归结果显示：社会消费品零售总额对普惠金融发展具有显著的正向影响，农牧民人均纯收入对普惠金融发展具有负向影响。公共财政支出占有 GDP 比重、社会固定资产投资、固定电话用户、城市化率均对普惠金融发展具有正向影响。年轻人口占比、人口密度对普惠金融发展具有正向影响，而文盲人口占比对普惠金融发展具有负向影响。少数民族占比、宗教活动场所数量对普惠金融发展具有负向作用，而宗教活动场所密度对普惠金融指数具有正向影响。各变量对普惠金融发展的影响方向基本符合预期，且均高度显著。

将所有变量纳入回归模型，回归结果显示，对普惠金融发展仍具有显著影响的变量包括社会消费品零售总额、政府规管、社会固定资产投资、城市化水平、宗教活动场所数量与宗教活动场所密度。且社会消费品零售总额越大、政府规管程度越高、社会固定资产投资越多、城市化水平越高、宗教活动场所密度越大，普惠金融发展水平会越高。而宗教活动场所数量对普惠金融发展呈负向影响。可以得出，影响藏区普惠金融发展的三类关键因素：经济发展、政府规管与宗教文化环境。在给定其他条件的情况下，社会消费品零售总额增加 1%，普惠金融发展水平会提升 0.130%；政府规管程度提升 1%，普惠金融发展指数提升 0.299%；社会固定资产投资提高 1%，普惠金融发展水平会提升 0.137%。整体看，宗教文化环境对普惠金融发展的影响是不确定的，既存在宗教活动场所数量的负向影响，也存在宗教场所密度的正向作用。

5.3.4 稳健性检验

5.3.4.1 分位数回归方法

相较于普通线性回归，分位数回归方法能够提供变量之间更完整的信息，在参数估计的有效性以及其他方面都具备更强的优越性。对藏区普惠金融发展影响因素进行分位数回归，可以详细考察各变量对于普惠金融发展水平相对较高的县域（对应较高分位点）与普惠金融发展水平相对较低的县域（对应较低分位点）的影响是否存在差异，从而为普惠金融发展程度不同的藏区县域针对性地提出政策建议。

Koenker 与 Bassett 于 1978 年提出分位数回归（Quantile Regression）思想，指依据因变量的条件分位数对自变量进行回归，从而得到所有分位数下的回归模型。因此，相比于普通最小二乘回归只能描述自变量对因变量局部变化的影响，分位数回归能更精确地描述自变量对于因变量的变化范围以及条件分布形状的影响。为了考察在不同分位数上普惠金融发展的影响因素，本文将建立如下分位数回归模型：

$$\text{Quant}_q(\ln(IFI_i)/X_i) = \beta^q X_i \qquad (5-2)$$

式（5-2）中 X_i 为式（5-1）中的自变量，β^q 表示系数向量；$\text{Quant}_q(\ln(IFI_i)/X_i)$ 表示 $\ln(IFI_i)$ 在给定 X 的情况下与分位点 q 对应的条件分位数。其中，与 q 相对应的系数向量 β^q 是通过最小化离差绝对值来实现的：

$$\beta^q = \text{argmin}\left(\sum_{IFI_i \geq X\beta} q \left| \ln(IFI_i) - X_i\beta \right| + \sum_{IFI_i < X\beta} (1-q) \left| \ln(IFI_i) - X_i\beta \right| \right)$$

文献中（高梦滔、姚洋，2006；何军，2011 等）通常采用 bootstrap 密集算法估计分位数回归系数 β^q，参考现有文献，本书对分位数回归系数的估计也将采用这一方法。

5.3.4.2　分位数回归结果

本书采用 bootstrap 方法对藏区普惠金融发展程度进行了分位数回归，并汇报了 5 个有代表性的分位点（0.1、0.25、0.5、0.75、0.9）的回归结果，如表 5-5 所示。

表 5-5　藏区普惠金融发展影响因素的分位数回归结果

解释变量	分位点及回归结果				
	$q = 0.1$	$q = 0.25$	$q = 0.5$	$q = 0.75$	$q = 0.9$
ln（netincome）	0.208	-0.0836	-0.239	0.0643	0.255
	(0.54)	(-0.31)	(-0.96)	(0.23)	(0.72)
ln（tconsume）	0.270**	0.217	0.189	0.102	0.00448
	(2.03)	(1.51)	(1.39)	(0.86)	(0.04)

解释变量	分位点及回归结果				
	q = 0.1	q = 0.25	q = 0.5	q = 0.75	q = 0.9
ln（fsgdp）	0.513 ***	0.285 **	0.140	0.330 **	0.377 **
	(2.65)	(2.07)	(1.08)	(2.16)	(2.51)
ln（invest）	0.138	0.210 **	0.0985	0.128	0.132
	(0.93)	(2.02)	(1.00)	(1.30)	(1.51)
ln（phone）	0.0717	0.246 *	0.175	0.0272	0.00684
	(0.40)	(1.69)	(1.42)	(0.26)	(0.06)
urbanratio	0.0132	0.00591	0.00336	0.00958	0.00639
	(1.42)	(0.74)	(0.47)	(1.08)	(0.63)
young	0.00298	− 0.0204	0.00388	0.0308	0.0261
	(0.14)	(− 0.95)	(0.16)	(1.29)	(1.15)
illiteracyratio	0.00247	0.00361	0.00165	− 0.00182	− 0.00422
	(0.38)	(0.60)	(0.30)	(− 0.34)	(− 0.80)
ln（density）	− 0.0348	− 0.219	− 0.188	− 0.0162	0.146
	(− 0.14)	(− 1.05)	(− 1.07)	(− 0.10)	(0.75)
minnationratio	− 0.00747	− 0.000821	− 0.00251	− 0.00197	− 0.00629
	(− 1.06)	(− 0.16)	(− 0.60)	(− 0.48)	(− 1.32)
ln（religionsite）	− 0.412	− 0.689 ***	− 0.632 ***	− 0.480 **	− 0.253
	(− 1.55)	(− 3.31)	(− 3.34)	(− 2.59)	(− 1.13)
ln（density_religion）	0.371	0.586 ***	0.565 ***	0.419 **	0.214
	(1.47)	(2.70)	(3.19)	(2.50)	(1.01)
cons	− 6.087 *	− 4.043	− 2.208	− 5.909 **	− 6.726 *
	(− 1.72)	(− 1.34)	(− 0.91)	(− 2.17)	(− 1.69)
Pseudo R^2	0.5456	0.4977	0.5261	0.5600	0.5789
N	104	104	104	104	104

注：估计值通过 bootstrap 方法迭代 100 次得到；*** 、** 与 * 分别表示估计结果在 1%、5% 和 10% 的水平上显著；括号内为 t 统计值；表中变量含义如表 5 - 3 所示。

从总体分析，各变量对普惠金融发展的影响方向与 OLS 回归结果基本一致，对普惠金融发展存在显著影响的变量包括社会消费品零售总额、政策规管、固定资产投资、宗教场所数量以及宗教场所分布密度。只是在不同的分位点，各变量对普惠金融发展的影响显著性水平存在差异。

　　具体来讲，在0.1分位点上，代表经济发展水平的社会消费品零售总额，以及政府规管程度对普惠金融发展具有显著的正向影响；在0.25分位点上政府规管、社会固定资产投资、固定电话用户、宗教活动场所数量与宗教活动场所密度均对普惠金融发展具有显著效应，除宗教场所数量影响为负外，其他均具有显著的正向效应；在0.5分位点处具有显著影响的因素包括宗教场所数量与宗教场所密度；在0.75分位点政府规管、宗教场所数量、宗教场所密度均对普惠金融发展具有显著影响；在0.9分位点处政府规管对普惠金融发展具有显著的正效应。农牧民人均纯收入、城市化率、教育水平、人口密度、少数民族占比等变量的影响在各分位点处均不显著。

　　同时，为进一步理解自变量对普惠金融发展影响的完整信息，图5－4列出了普惠金融发展分位数回归分析中部分有显著影响自变量的系数变化情况。各因素对普惠金融发展不同分位数的影响系数有明显的变化，具体体现在以下几个方面。

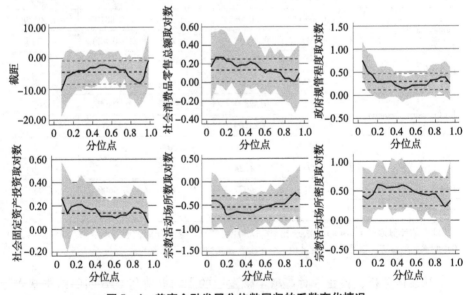

图5－4　普惠金融发展分位数回归的系数变化情况

　　注：图中横轴表示普惠金融发展水平的不同分位点；纵轴表示各变量的回归系数；实线表示解释变量分位数回归的估计结果，阴影部分表示分位数回归的置信区间（置信度为0.95）；较粗的虚线表示解释变量的OLS回归估计值，两条较细虚线表示OLS回归估计值的置信区间（置信度为0.95）。

（1）经济因素：代表社会经济发展的社会消费品零售总额对普惠金融发展的影响呈现逐渐下降的趋势。这说明，在普惠金融发展水平处于较低分位点的县域，社会消费品零售总额对普惠金融发展具有更大的影响。在普惠金融发展处于较低分位点的县域，经济发展落后是制约普惠金融发展的重要因素，通过提高社会经济水平，可以有效促进普惠金融发展水平的提高。

（2）宏观环境：政府规管对普惠金融发展的影响呈现"L型"。整体看，政府规管对各分位点普惠金融发展的影响系数均为正数。在0.2分位点之前这种正向影响效应更强，之后政府规管的回归系数基本围绕0.299上下波动。也就是说，加强政府规管可以促进藏区县域普惠金融发展水平的提升，而且对于普惠金融发展水平处于较低分位点的县域，政府规管对普惠金融发展的正向激励作用效用更强，也就是说加强政府规管对于普惠金融发展水平低的县域的作用效果更明显。社会固定资产投资对于普惠金融发展水平具有正向的促进作用，但是大多分位数回归结果中，这一影响效应并不显著。

（3）文化信仰环境：宗教活动场所数量对普惠金融发展具有负向影响并呈现"U型"，宗教活动场所密度对普惠金融发展具有正向作用并呈现"倒U型"。这也就意味着在普惠金融发展处于高分点（0.8分位点之后）的与低分位点（0.2分位点以下）的县域，无论宗教活动场所数的负向作用还是宗教活动场所密度的正向作用都相对较弱。

综合上述分析结果，影响藏区普惠金融发展的因素除了基本的经济因素外，另外两个关键要素：一为政府规管；二为文化信仰因素。这与藏区社会经济发展的历史与现实相一致，藏区经济发展落后，改革开放以来，由于发展基础落后，藏区经济发展长期依赖于中央财政的支持，其经济增长是一种"输血型"增长方式。藏区金融业的发展也依赖于特殊优惠的金融政策。从实证分析结果来看，藏区普惠金融发展显著地受到政府规管的影响，而且对于普惠金融发展水平相对较低的县域，政府规管的影响效应更强，从表5-7可以发现，政府规管的影响系数在0.1分位点处取值最大。文化信仰环境是另一个对藏区普惠金融发展具有显著影响的因素。从实证分析结果看，藏区各县域宗教活动场所数量对普惠金融发展具有负向效应，而宗教活动场所密度对普惠金融发展具有正向效应。这也反映出，文化信仰因素对藏区普惠金融发展影响的复杂性与不确定性，即文化信仰对藏区普惠金融发展既有正向激励作用也存在负向的制约影响。

5.4　本章小结

本章对藏区文化信仰环境与普惠金融发展之间的关系进行了研究，主要分为两部分内容。首先，结合藏传佛教文化的特殊性，以现实数据与文献资料为基础，系统分析了藏区文化信仰环境对普惠金融发展的影响机制；其次，结合藏区特殊的经济社会特征，以2013年藏区相关统计数据为基础，运用上章普惠金融指数测度结果，分别采用OLS回归方法与分位数回归方法检验了藏区宗教文化因素对普惠金融发展的影响。主要得出以下结论：

1. 宗教文化信仰作为一种社会文化因素对普惠金融发展的作用机制是复杂的。总体来看，文化信仰因素对藏区普惠金融发展既存在正向激励作用也存在负向的抑制效应。一方面藏传佛教所倡导的出世理念对现代经济金融业的发展存在一定的抑制，制约了有效金融服务需求的形成；部分地方存在的寺庙金融活动对正规金融服务存在一定的挤出效应。另一方面，围绕寺院形成的集市贸易、藏区特有的宗教文化旅游资源对地区经济发展具有积极的带动作用；藏传佛教所具备的道德规范作用使得信众有良好的道德品质，益于金融发展诚信体系建设；与此同时，"普惠金融"理念与佛教所倡导的"普度众生"思想存在逻辑上的一致性，有利于普惠金融创新实践在藏区的宣传推广。需要说明的是，本章所概括的藏区文化信仰因素对普惠金融发展的影响机制并不能代表所有影响渠道，但却基本涵盖了具备一定资料佐证的主要渠道。

2. 藏区文化信仰因素对普惠金融发展影响实证检验结果显示：第一，影响藏区普惠金融发展的主要因素包括经济发展、政府规管以及文化信仰环境因素。政府规管在藏区普惠金融发展中具有重要作用，对普惠金融发展水平处于低分位的县域，政府规管的作用效力更强，即在藏区普惠金融发展水平较低的县域，政府规管对促进普惠金融发展的作用较大。第二，文化信仰因素对普惠金融发展的影响存在不确定性。既存在正向的影响，也存在负向作用。相对于普惠金融发展水平处于高低分位点的县域，文化信仰环境因素对普惠金融发展水平处于中间水平的县域影响系数要更大。

上述结论的政策含义在于，作为藏区社会的显著特征，文化信仰环境对普惠金融发展既存在正向影响，同时也存在一定的抑制作用，宗教文化信仰因素是藏区普惠金融体系构建过程必须予以重视与考虑的社会环境因素。充分认识藏区文化信仰因素对普惠金融发展的作用机制，扬长避短，是藏区普惠金融发展过程中制订政策的关键，也是当前藏区普惠金融体系构建中需要重点关注的领域。同时，促进藏区普惠金融发展，在经济基础上，政府规管仍将是主要的推动力量，政府规管对普惠金融发展程度低的县域的作用效力会更大。政府规管除包括增加公共财政支出外，还应当注重固定资产投资，改善金融基础设施状况，这些措施都将有利于推动藏区普惠金融发展。

6 藏区普惠金融发展面临的 主要困境与路径选择

藏传佛教作为藏族群众的文化信仰，是西藏经济发展、人民生活的主要信念来源。市场经济条件下，经济主体追求利润最大化的经济诉求，成为政府激励与约束企业与个人等市场主体的最重要手段。这些市场逐利行为与藏传佛教所倡导的重精神追求、轻物质财富的理念存在一定的冲突。这也就意味着金融业的逐利性使得金融发展与藏传佛教理念间存在一定冲突。但与此同时，普惠金融所倡导的"普惠"理念与藏传佛教所提倡的"普度众生"精神存在逻辑上的一致性，宗教的道德约束机制也有利于建立良好的社会信用环境。因此，藏区文化信仰因素并不是藏区普惠金融发展框架设计的障碍，而是应当将其转化为有利条件。文化信仰因素为普惠金融发展框架设计提供了思路，可以趋利避害使其成为保障金融制度实施的有利条件。本章将结合前述各章结论，分析藏区普惠金融发展面临的主要困境，并以藏区特殊的文化信仰环境为前提探索藏区普惠金融发展的路径选择。

6.1 藏区普惠金融发展面临的主要困境

普惠金融倡导的理念是使市场主体都能够享有均等获取金融服务的机

会，因此普惠金融的发展使得无法从传统部门获取到金融服务的弱势群体能享受到基本的金融服务，帮助保护贫困群体有限的金融财富，并增加其收入来源，是助力经济弱势群体脱贫致富的重要途径。藏区特殊的区情决定了以普惠性与包容性为基本理念的金融发展不仅是藏区地方的事情，更是关乎国家主权独立、政治稳定、社会和谐与民生进步的大事，藏区普惠金融发展的社会意义远大于经济意义。要对藏区普惠金融发展做出恰当的政策选择，需要充分认识藏区普惠金融发展过程中面临的主要困境。

第一，落后的基础设施条件。

受特殊地质条件约束，藏区交通与通信等基础设施落后。近十几年，随着国家在藏区基础设施的大力投入，藏区交通条件明显改善，包含公路、铁路、航空的立体化交通体系逐步建立，但是与全国其他省市相比差距仍然显著。边远藏区村与村之间的道路多为毛坯路，路基差，道路狭窄，有的地方根本无法通行机动车，只能徒步或者骑马。交通基础设施的滞后，使得藏区很多乡镇的金融业务量无法达到设立固定网点的要求。金融机构为获取借款人的相关信息需要付出比其他地方更多的成本。落后的基础设施一方面制约金融机构的金融服务供给，另一方面也约束了藏区居民的金融服务需求。从而使得边远藏区能达成的有效金融交易量有限，如甘孜州白玉县麻绒乡每月的金融业务量仅有 50 笔左右，无法实现收支平衡（王军、姜洪波，2012）。总之，藏区落后的基础设施条件，使得信息、人才和资源的流通成本较高，从而严重制约了经济金融的发展。

第二，经济增长缺乏内生动力。

在藏传佛教思想影响下，藏民族重精神修养、轻物质财富，在现实经济中市场经济意识淡薄。生产活动"重谋生、轻谋利"，追求稳定，不愿意冒风险进行扩大再生产。市场经济行为缺乏利益机制驱动，使得藏区许多地方徒有市场经济体制，而市场化程度发展却严重滞后。藏区经济增长属外援增长，经济运行主要依靠中央的财政扶持，而缺乏自我发展能力，缺少能够带动地区经济增长的核心产业与龙头企业。经济增长内生动力的缺乏，制约人民收入水平的提升，从而影响普惠金融发展的可持续性。

第三，缺乏促进普惠金融发展的有利社会环境。

藏区居民文化水平低，金融意识较弱，制约了金融的发展。世界各国的研究经验表明，需求方对金融知识掌握程度为主的教育背景是影响金融发展的重要因素。藏区群众现代金融意识较弱，对金融机构存在认识上的偏差，很多藏区居民将银行与信用社看成政府机关，对待这些金融机构的态度如同对待政府机关。因而产生两种对待金融机构的鲜明态度，一种态度是距离感，认为找政府办事难，需要诸多手续，而且可能需要找熟人才能办。另一种态度认为当自己有困难时，金融机构就应该帮忙，把金融机构贷款看成是扶贫贷款。在长期政府扶贫与银行贷款并存的背景下，农牧民把商业银行贷款与政策救济相混淆。同时，受传统宗教文化影响，藏区农牧民在还款时，民间借贷特别是寺院贷款的还款优先于银行贷款。因而，造成个别地区农牧区信用环境差、道德风险问题突出。此外，受藏区民众消费习惯、文化水平低、网络知识欠缺等影响，成本较低的新型支付结算工具在藏区的推广难度较大。

第四，金融供给主体单一，金融服务覆盖面窄。

与全国其他地方相比，藏区金融体系不健全。藏区金融服务供给主体单一，除个别核心城市之外，大部分地区金融机构主体单一、网点少，提供的金融服务极其有限。西藏自治区农业银行在全区银行业金融机构中占比达78%。四省藏区金融机构以农业银行、邮政储蓄银行、农村信用社为主，县以下提供金融服务的金融机构主要是农村信用社。西藏农业银行长期享受着国家特殊的利率补贴政策，相较而言，四省藏区政策性金融组织缺失使得无法向农牧区有效提供金融扶贫服务功能。同时，由于正规金融服务供给不足，使得私人借贷、寺庙借贷等民间借贷形式活跃。

6.2 文化信仰因素影响下藏区
普惠金融发展的路径选择

从金融本质属性来看，金融业天生"嫌贫爱富"，金融资源总是流向有能力支付更高成本的人，从而忽视贫困人群与贫困地区，因而藏区普惠金融体系的构建必须是在政府主导下进行。在党中央深入开展普惠金融发展战略思想指导下，如何创新藏区金融服务体系，改善藏区特别是农牧区金融服务生态环境，填补金融服务空白，是藏区普惠金融发展面临的新课题。藏区的宗教文化给予了藏族民众价值观上的束缚，藏传佛教的出世思想影响人们主动破旧出新、改变命运的动力，但是其与人为善的教义，所具有的道德规范机制却构成了合作等契约制度的基础。藏传佛教以其独特的宗教伦理影响着人们的价值观念，影响着藏区社会生活的现实，影响着普惠金融发展。前述分析表明，除经济基础外，影响藏区普惠金融发展的两个关键因素一为政府规管，二为文化信仰环境。因此，藏区普惠金融发展需要在政府主导下，充分重视文化信仰环境因素的影响，趋利避害，因势利导，以经济发展为基础，以营造良好的社会环境为保障，以完善普惠金融体系为根本。

6.2.1 以经济发展为基础

经济是金融发展的基础动力与源泉，藏区普惠金融发展也需要建立在经济发展基础之上，只有经济持续发展，才能在政策扶持下促进普惠金融发展的可持续性。藏区城镇体系的分布源于历史上宗教因素在藏区城市形成过程中的作用，宗教因素而不是经济因素在藏区城市形成与发展中起了至关重要的作用。藏区地理环境特殊，人员分布疏散，但其经济发展仍将遵循从点到面、从非均衡到均衡的普遍规律与过程。藏区经济发展要以特殊的宗教文化环境这一重要现实为出发点。

要实现藏区经济的可持续发展，关键还在于区域内要形成合理的产业结构，要结合各地区要素禀赋特色建立区域内部相互扶持的产业体系。同时，要建立各产业之间的相互协调联动机制，联动机制的建立有利于产业部分与产业体系之间带动协调发展，有利于促进地区经济整体发展。藏区作为我国西部地区的一部分，其产业布局与分布应当放置在全国框架下进行分析。其经济发展的一个重要抓手就在于正确选择支柱产业与主导产业，由于特殊的地理环境与脆弱的生态环境，工业产业无法在藏区经济发展中处于支配地位。藏民族在长期的生产实践中，创造了其特有的生产方式与生态意识，在历史发展过程中受宗教文化影响，留下了大批宗教文化遗产，如扎什伦布寺、哲蚌寺、色拉寺、甘丹寺、白居寺、塔尔寺、拉卜楞寺等举世闻名的寺庙。藏区可以利用其独特的高原地理条件与特殊的宗教文化环境，发展以旅游业为主的服务业。作为一项强势经济产业，旅游业的发展可以增加外汇收入、提供就业机会、带动相关产业的发展，同时可以帮助贫困地区农牧民找到脱贫致富的路径。这种以地区特色资源禀赋与比较优势为基础选择的产业发展模式，是藏区产业结构优化升级的路径，亦是藏区特色经济的发展选择。利用藏区自身的比较优势，调整产业结构，合理确定在全国经济发展网络中的位置，提高产业关联度与配套能力，壮大地方经济基础，缩短发展过程，推动地方经济发展。同时，藏区内部要形成相互扶持的产业体系，使得地区经济集团化，提升区域经济发展的整体竞争力，从而在全国经济发展中占据一定地位。

具体可采取的措施：

1. 以藏区特有的"文化信仰"环境为主导，打造独特的精品旅游项目

藏区自然生态环境脆弱，不能盲目追求工业化发展，但是以宗教文化为核心的旅游业的发展，却可以成为藏区经济发展的支柱产业。应结合藏区宗教文化资源，不断开发新的旅游项目，不断丰富旅游产品。如在现有宗教文化旅游场所，可以借助法会、开光典礼等宗教活动开发新的体验旅游产品，提升藏区旅游的吸引力。充分发挥特色宗教文化优势，促进旅游

业的发展，以此带动旅馆、导游、商业以及文娱等行业的发展，增进藏区民众的商贸服务意识。在推动宗教文化旅游发展的同时，向内地旅游景点学习，推动旅游景点服务的集团化运作，提供集"吃、住、行、游、购、娱"六位一体的服务产业。具体可以在政府主导下通过行业管理、政策引导等举措推动藏区旅游业的产业化经营；允许国内外有实力的企业进入，淘汰违规多、业绩差的企业，提升行业竞争力。在保护藏区自然地理环境条件下，结合宗教文化特色开发相关旅游资源，充分发挥藏区独特的自然及人文景观资源优势。

2. 借助现代网络技术，加强对藏区文化旅游形象的宣传

丰富的游客资源是推动旅游业发展的重要基石，应当通过多种渠道加大对藏区旅游产品的宣传，吸引更多的游客赴藏旅游。具体可以借助于网络、电视、广播等媒介加强对藏区旅游形象的宣传，并开展相关咨询业务；可以以会议、论坛、考察等形式邀请国内外相关人员到藏区进行实地考察，通过研讨会的形式宣传打造藏区旅游形象；同时，可以组织区内旅游企业到内地及国外参加相关的巡回促销宣传活动，提高藏区旅游品牌知名度等。

3. 加大基础配套设施的投资建设

基础设施是旅游产业赖以存在以及地区经济发展的基本条件。包括道路交通改善与旅游接待能力提升等，对藏区经济发展与旅游业的发展具有重要意义。以青藏铁路的开通为例，青藏铁路开通不仅结束了西藏自治区铁路建设的空白，同时使得 2007 年西藏旅游收入跳跃式增加到约 50 亿元的规模，促进了西藏旅游业的快速发展，这反映出交通基础设施对地区经济发展的重要性。藏区落后的交通基础设施条件仍是制约经济发展的重要因素。藏区幅员辽阔，地势险峻，险峻的地势不仅增加了基础设施建设的成本，也对道路施工技术提出更高的要求。而且，基础设施建设具有投资规模大、风险大、回收周期长等特征。因而，基础设施条件的改善，仍需在政府主导下进行，应继续加大对藏区特别是边远农牧区的投资力度。同时，藏区目前的旅游基础设施与游客的需求之间存在较大差距，应当加大对包

括住宿、餐饮、卫生等领域的投资，提升旅游接待能力。如可参照意大利政府的做法，给予旅游区附近农牧民一定补助，鼓励其修建房屋出租单元住房，提升旅游接待力。同时，在相应基础设施投资修建过程中一定要以"传统特色"为前提，如此开发的旅游资源才能具有可持续性。

4. 以旅游业为支柱，推动传统农牧业、民族手工业产业化经营

随着旅游业的发展，游客会产生吃、住、购、行、娱乐、金融、医疗、通信等全方位的服务需求，而这些需求将会构成居民收入的重要来源。游客在旅游中会想要品尝一些特色食品与风味食品，购买一些旅游纪念品。如果一个地区的旅游业越发达，那么从游客娱乐、购物等消费中获得的收入也会越多。产业的发展状况与关联程度会直接影响旅游业的发展成长。藏区农牧业生产仍以小规模生产为主，缺乏专业化分工，无法获得规模效益。农产品商品率低，农牧民只有少量的剩余产品用于交换其他消费品与生产投放品，市场交易落后。传统手工业作坊生产的手工业产品无法有效满足游客需求。有研究表明，在西藏自治区本地企业与个体户生产的旅游纪念品仅占到西藏旅游市场的20%，而其中80%的手工产品由印度、尼泊尔等周边国家运用西藏工艺所生产。这一事实，从八廓街到处可见的印度、尼泊尔小商品市场就可以得到印证。因此，藏区经济发展中，应当重点扶持一批特色农产品加工企业与民族手工业企业，通过资金、技术等多方举措培植一批龙头企业，推出地方特色品牌产品。促进区域内产业间协调，从而推动藏区经济全面发展。藏区经济发展必须充分发挥其自身所具有的优势，在推动以藏传佛教宗教文化为核心的旅游业发展的同时，要加大对藏族特色民族手工业、农牧业的扶持与投资。

总之，在藏区这个具有特殊资源禀赋的地区，经济发展必须以尊重与考虑宗教文化这一特殊的社会环境因素为基础，必须运用发展经济学与社会学的分析方法，对藏区的人文、宗教、人口分布特点以及高原特征等因素进行详尽分析，在藏区经济发展中应把握重点，确定重点区域，把握经济规律，全面、公平发展，充分利用宗教文化环境这一特色，推动藏区经

济的可持续发展。只有经济持续发展，才能给普惠金融带来持续的发展动力。

6.2.2　以营造良好的社会环境为保障

有别于政策性金融与援助性金融，普惠金融仍属于商业性金融，以商业可持续为原则为社会所有阶层群体提供金融服务是其经营活动的主要模式。而正式金融交易的达成是建立在良好的信息流通基础上的，交易者在交易前必须获得足够的信息才能做出决策，进而进行交易。金融需求者需要对金融服务产品有一定的认识与了解，才能做出恰当的金融选择；金融供给者也需要对需求者的财务特征、信用状况有一定的了解才能提供与其需求相适应的金融服务供给。保障普惠金融体系健康发展的社会环境包括良好的信息交流渠道，以及信用环境与风险环境等。良好的社会环境，能够吸引更多的机构与资金参与到普惠金融体系的构建之中，降低普惠金融创新活动开展的风险，是保障普惠金融可持续发展的重要基础条件。藏区由于特殊的自然地理条件，以及民众金融知识的欠缺，导致金融供需双方无法进行有效的信息交流与沟通。一方面，由于地广人稀，交通运输成本高，金融机构获取金融服务需求信息需要付出较高的交易成本。且由于农牧民缺少有效的抵押资产，金融机构需要花费大量的时间、人力去调查、搜寻、鉴别客户信息，从而导致金融机构无法有效提供金融服务。另一方面，由于金融知识的欠缺，藏区农牧民对金融机构提供的金融产品存在认识上的盲区，有些甚至将金融贷款误认为是政府扶贫补助，从而不按时还款，导致个别藏区还款率低，信用环境差。因此，普惠金融体系的构建必须以营造良好的社会环境为保障，才能使金融业健康发展。

具体可采取措施：

1. 加强金融知识的宣传教育

用金融首先需要学金融、懂金融。提升民众的科学文化知识水平，是加强金融知识的根本路径。同时，在现有条件下可以适当多开展一些专门的金融知识宣传活动、参与式金融服务体验学习活动，普及金融知识、提高金融素质。要探索"送金融知识下乡"的长效机制，在广大农牧区开展特色化、差异化的金融知识宣传活动，提升农牧民对金融知识的掌握以及金融风险的防范意识。如宗教活动场所是藏族信众经常的去处，在地广人稀的藏区，这些宗教活动场所一般人员相对集中。可以在这些场所适当开展一些金融知识的宣传与金融服务模拟体验活动，提升人们对金融行业的理解，掌握相关金融知识。同时，探索与寺院合作由寺院僧人进行相关的金融知识宣传，一方面寺院僧人一般具有较高的文化知识水平，他们更容易接受与理解金融知识与产品，另一方面由于藏族人民对寺院比较信任，由寺院进行的宣传活动更容易被藏族人民所接受。

2. 完善信用体系建设

良好的信用体系是金融业健康发展的内在要求，西藏农行推出的四卡小额贷款信用证做法，可以在藏区进行推广。同时，可以在现有信用证基础上，加强地方政府与金融机构合作，为借款人建立相应的信用档案，在档案中完善借款人的信用状况、还款记录以及经济收支等情况，并将信用信息在全系统内共享，减少金融机构二次调查成本。对信用档案实行动态化管理，建立相应的信用激励与惩戒机制，对守信主体给予一定的贷款优先、利率优惠、额度放宽的优惠与便利；对于有不良信用记录的市场主体要对其金融活动给予一定限制，加强对失信行为的惩治及追究。要保障信用体系的有效运行，宣传与教育工作是必不可少的。要利用传统宣传渠道，采用广播、海报、标语等行式普及信用知识。金融机构应当与基层政府、民间组织合作开展信用知识宣传活动，通过公共宣传渠道营造诚信舆论氛围。与此同时，随着市场经济的发展，现代市场经济观念与传统藏传佛教理念之间存在一定的冲突，但是藏传佛教中一些有利于道德诚信体系建设的传统应当继续发扬。宗教信仰具有良好的道德约束功能，应利用藏族民众对佛教文化的信仰，积极探索佛教文化和金融联动的新机制，将信用文化观念贯穿到藏民的思想信仰体系之中。

3. 创新抵押担保机制

在市场经济条件下，合理有效的抵押担保机制能降低信息不对称引起的逆向选择与道德风险问题。一旦发生违约，可以通过变现抵押担保品，减少金融机构的损失。对于借款者而言，有效的抵押担保机制可以激励贷款人按时还款，减少道德风险。藏区农牧民拥有的资产与内地存在差异，其所能提供的抵押物品有诸如首饰、牦牛、藏刀、藏袍等，这些资产都很难被金融机构所接受；由于藏区缺乏市场流动性，房屋、土地等资产也很难作为有效的抵押资产。因此，有必要结合藏区实际创新抵押担保机制。可以结合藏民的集体观念，实施小组联合信用担保机制，将个人的声誉与小组集体联系起来，可以以村为单位实行"凡是全体村民守信，都能享受提级加信的相应信用奖励；而如若有一个村民失信，则全体村民都受到相应的信用降级处罚"。西藏现行的信用村、信用乡、信用县三级信用评价体系就是这种措施的尝试，而且实施效果也较好。凡被评定为信用县的县域单位或个人，在同等件下可以享受到更多的金融服务优惠政策，是一种将个人信用与集体声誉联系起来的联合担保机制。

4. 建立金融联络员制度

藏区地广人稀，且通信、交通等基础设施相对落后，为获取借款人的信用信息，金融机构往往要付出较高的信息收集成本。为提高信息质量，降低信用收集成本，金融机构可以聘请了解当地情况且信用状况较好的人作为金融联络员，负责调查了解借款人的信用、收入情况与资金使用目的，并进行贷款使用情况的后期追踪调查，同时开展金融协调、宣传金融知识。实践中，金融联络员可以选择村主任等党员干部以及在当地有影响力的宗教界人士。寺院的僧人、民间的宗教权威等宗教人士由于笃信佛法，自身道德可靠，而且在教区群众中受到广泛的尊敬，可以将他们动员起来，作为金融机构的顾问调查群众的信用状况，从而收集提供相对可靠的信息。

5. 培育普惠金融专业人才

作为服务业，金融业的主要竞争力体现在其专业人才队伍的建设方面。

藏区40%的藏族人不识字，大部分藏族群众不会讲汉语，语言障碍是制约藏区经济金融发展的主要因素。藏区普惠金融发展要求将金融服务覆盖到所有阶层，要将边远农牧区的农牧民包容到普惠金融服务体系之中，因此，藏区普惠金融的发展需要"量身定做"专门的金融人才，需要培养一批既懂专业知识又懂当地语言且了解当地风俗习惯的专业人才。具体的做法，可以在政府扶持下，由服务于藏区基层的金融机构与专业院校合作定向招收，培育定向就业的金融从业人员；同时，可依托专业院校开展从业人员的培训，丰富与提升现有从业人员对普惠金融专业知识的掌握情况。

6.2.3 以建设完善普惠金融体系为根本

每个人对于安全便宜的金融服务都是有一定的需求的，藏区金融服务满足率低，金融服务合约无法有效达成的原因是多方面的，但是缺乏多层次的金融服务供给体系仍然是制约普惠金融发展的主要原因。金融服务的可得性与覆盖面是衡量普惠金融发展的重要标准，普惠金融发展的关键还在于解决金融服务的可及性。通过构建多层次的普惠金融体系，扩大金融服务的覆盖面，是普惠金融发展的根本。作为新时期全新的金融发展战略，应当结合藏区实际并借鉴区内外普惠金融发展经验，建立广覆盖、多层次、多样化、可持续的普惠金融体系，进一步完善金融服务体系，有效提升金融服务的可得性，全力引导普惠金融向纵深发展。藏区广大偏远农牧区由于地广人稀、市场狭小、信息不对称、风险大以及服务成本高等原因，纯粹的商业性小型金融机构难以生存。考虑到民族落后地区金融市场并不是完全竞争和有效率的市场这一现实，在完善金融服务供给体系过程中，仍需借助于政府干预以解决市场失灵问题，借助于一些社会性的、非市场性的要素进行扶持，这是一个重要的保障前提。

具体可采取措施：

1. 以政策扶持为主导扩大传统金融机构覆盖面

目前，藏区逐渐形成了多层次的金融服务体系，但是金融机构主要布设在几个中心城市，县域以下金融供给主体单一，金融服务需求无法有效满足。考虑到传统金融服务对广大农牧区居民的特殊意义，传统金融需要进一步发挥普惠金融主力作用，不断加大投放，优化县域金融机构网点布局，推进传统金融服务下沉。结合藏区经济发展实际，在政策扶持下引导与鼓励金融机构合理调整或增加边远农牧区金融网点，加大 POS 机、ATM 机的投放量，加大对边远地区金融基础设施建设的投资力度。针对藏区地广人稀、金融服务覆盖率低的现实，可以参照巴西普惠金融发展的创新模型，通过代理银行业务提高金融服务的覆盖率。代理银行业务模式，即银行可以与非银行机构在金融服务领域达成合作，如可以与覆盖率更高的零售商店、药店等合作，开展代理银行业务。平时业务由其代为办理，并定期进行结算，但是在设置过程中需要注意控制代理人风险问题。现有"三农金融服务点"即是这种模式的实践应用，应当继续推广，并结合各地实际在现有存贷业务基础上对其业务范围进行拓展，适当开展一些理财与保险业务。对于达不到设立营业网点条件，也无法设立惠农金融服务点的乡镇与行政村，给予其金融机构一定的财政补贴，鼓励定期以流动营业点、流动服务车的形式提供金融服务。

2. 通过互联网等信息技术提高金融服务供给

信息技术在金融创新中的使用，能够降低金融服务的运营成本，从而促进银行金融服务供给增加。一方面利用信用技术开发金融产品，可以有效提升边远地区金融服务的覆盖面，提升金融服务的普及性；同时信息技术的开发利用也能有效提升金融服务机构内部的管理运行效率。信息技术与移动通信技术已经成为促进金融包容性的有效手段。近年来，许多发展中国家通过借助信息通信技术创新金融服务供给，有效提升了弱势人群金融服务的可得性，如肯尼亚开发的 M-PESA 服务项目、泰国的 True Move 服务以及巴拉圭的 Tigo 和 Personal 推出的移动钱包平台等。因此，在藏区有条件的地方应当积极利用电子金融、互联网金融、手机银行等现代通信技术手段，开展金融服务手段与方式的创新，降低金融服务交易成本，有效扩大金融服务的覆盖面，提升金融服务的可得性。

3. 创新金融服务产品

导致藏区金融排斥现象较为严重的原因除运营成本所致的金融服务覆盖不足外，还包括信息不对称引起的供需不匹配。创新金融服务产品供给，将是解决这一问题的有效途径。银行业金融机构要结合藏区农牧产业特点，针对农牧区差异化的资金需求，设计开发符合农牧民现实需求的金融服务产品。在储蓄产品方面，应当对低收入人群免收账户管理费以及禁止设立最低存款限额要求；在贷款产品方面，可以针对广大农牧民贷款需求金额小、具有季节性的特征，开发设计相应的小额季节性信贷产品。对有助于带动地区经济发展的旅游相关产业、特色民族手工业应当给予相应的贷款倾斜政策。同时，在金融产品设计过程中加入一些文化内涵可以提高金融产品的市场接受度。在藏区金融产品的设计与推广中，可以将一些带有宗教意义或传统吉祥物的名称、形象、符号设计到理财产品、信用卡等金融产品之中，逐步转变藏区民众对现金的偏好，减少对贵金属、珊瑚等的消费，逐步引导资金更多地流向生产经营活动，从而提升藏区经济的活跃度。

4. 规范民间金融

以寺庙金融等形式存在的民间金融活动是藏区富有效率的一种金融制度，在正规金融难以到达的地域和领域，民间金融发挥着不可或缺的作用。正规化民间金融机构是普惠金融发展的重要内容，通过正规化民间金融机构，合理引导社会闲散资金流入实体经济，转化为经济运行资本，是提升资金运行效率的有效措施。因而，应当正视民间金融的存在，并应从制度上规范、引导寺庙金融等民间金融活动，从而使其更好地服务于藏区经济发展。如何在控制风险的同时使得民间金融活动正规化，需要在实践中不断探索。具体可以鼓励民间资本参股设立小额信贷公司、村镇银行等微型金融机构；同时通过宣传教育促使民间借贷行为的发生建立在签订符合法律要求的合同基础之上，避免不必要的经济纠纷。在民间金融正规化的过程中需要坚持两个基本原则，首先，对于符合规范的民间借贷形式应当从法律上给予认可，并对民间借贷需要具备的相关条例做出规定，引导民间借贷规范化；其次，对于高利贷，特别是以赌博为目的的"放水钱"应当给予坚决严厉的打击。

5. 创新金融服务供给机构

在藏传佛教行善教义影响下，藏区民间一直存在着社区互助的传统，具有较强的集体观念，现有村落中存在的"吉都""越贵吉都"等社团就是互助互利的体现。而藏区现行的金融运行体系明显缺少小微型金融服务机构，因而可以通过注入政府与其他来源渠道的启动资金，引导长期性的富余的民间资本组建社区合作金融组织。合作金融组织立足于社区，可以以乡为单位进行组建，既可以使居民感受到做主人的自豪，又可以有效满足居民一定的金融服务需求。此外，由于对当地产业、风俗习惯、人情比较熟悉，这种地方性合作金融组织信息收集成本较低，能够以较低的成本达成金融交易，是传统金融服务的有效补充，同时也是解决藏区金融服务"最后一公里"难题的有效手段。同时，考虑藏区寺院高覆盖率的现实，金融机构可以利用寺院的位置与影响力探索金融机构与寺院的创新合作模式，可以在寺院设立金融服务点或与寺院合作组建创新型金融组织。这样一方面可以利用居民上香、转经的机会办理金融业务，降低金融交易成本；另一方面，鉴于藏民对寺院比较信任的事实，有寺院参与设立的金融组织更容易起到动员储蓄的作用，同时，由寺院发放的贷款会使藏民对贷款产生更强的责任感，不会任意改变用途，也不会任意拖欠赖账，可以减小违约风险。

7　全书总结

7.1　本书研究的主要结论

本书从创新的跨学科视角探讨了文化信仰因素对普惠金融发展的作用机制，并以藏区为例，系统分析了藏区文化信仰因素与普惠金融发展之间的关系，结合藏区文化环境特征，为藏区普惠金融发展提出了相应的政策建议。研究得出以下主要结论：

1. 在信贷供需模型基础上引入了社会环境因素后，社会环境因素、财富规模与价格水平共同影响着金融服务供给与需求，金融服务供给与需求又共同决定着普惠金融的发展水平。宗教作为一种文化因素，是社会环境的重要组成部分，会直接影响到社会环境变量，同时影响到人们在世俗世界对待财富的态度等，影响社会的财富水平，从而间接地影响普惠金融发展。

2. 中国家庭微观调查数据显示，在正规金融服务参与方面，有宗教文化信仰家庭的金融参与率明显低于无宗教信仰家庭，宗教信仰家庭处于相对弱势。家庭宗教信仰除对储蓄业务包容性有直接负向影响之外，对贷款业务包容性、投资业务包容性并不具有显著的直接影响。但是，文化信仰因素对家庭收入特征、主观态度有显著影响，并会通过影响这些因素间接作用于普惠金融发展。因此，文化信仰因素虽然对普惠金融发展不具有决定性的影响，但也确实会间接影响普惠金融发展。

3. 藏区具有特殊的自然地理环境与人文环境，以藏传佛教为信仰的特殊文化氛围浓厚。在恶劣地质气候条件与人力资本约束下，尽管在大量财政扶持与优惠政策带动下藏区经济发展取得了举世瞩目的成就，但是与全国其他地区相比经济发展水平仍然落后，而且缺乏自我发展的能力。藏区整体金融服务供给主体单一，金融服务可得性较差，且金融服务需求的满足率较低。

4. 藏区普惠金融发展水平普遍偏低，且不同县（区）间存在较大差异。除经济基础外，影响藏区普惠金融发展的两大关键因素是政府规管与文化信仰环境。政府规管对藏区普惠金融发展具有重要影响，且对于发展水平越低的县域，政府的作用效果越明显。

5. 藏区文化信仰因素对普惠金融发展既存在正向促进作用，也存在负向的抑制效应。一方面藏传佛教所倡导的出世理念对现代经济金融业的发展存在一定的抑制作用，制约了有效金融服务需求的形成；部分地方存在的寺庙金融活动对正规金融服务存在一定的"挤出效应"。另一方面，围绕寺院形成的集市贸易、藏区特有的宗教文化旅游资源对地区经济发展具有积极的带动作用；藏传佛教所具备的道德规范作用使得信众有良好的道德品质，益于金融发展诚信体系建设；与此同时，"普惠金融"理念与佛教所倡导的"普度众生"思想存在逻辑上的一致性，有利于普惠金融创新实践在藏区的宣传推广。

6. 藏区普惠金融体系的构建，需要充分重视藏区浓厚的文化信仰氛围，重视文化信仰因素对普惠金融发展的影响，要趋利避害，因势利导，普惠金融发展需要在政府主导下以经济建设为中心，以营造良好的社会环境为保障，以完善金融体系为根本。

7.2　未来研究方向

由于笔者能力有限，加之数据收集困难，本书仍存在一些不足之处，但这些不足同时也为笔者今后研究工作的进一步展开指明了方向。

第一，基于家庭层面微观数据检验文化信仰因素与普惠金融发展关系部分，受所使用数据库的限制，仅以"家庭成员是否有宗教信仰"作为家庭文化信仰因素的代理指标可能过于单一。选取一个能比较全面反映家庭文化信仰因素的指标，基于家庭微观层面进一步研究宗教因素与家庭经济行为之间的关系将是笔者今后研究工作的一个重要方向。

第二，本书对藏区普惠金融发展水平与影响因素的实证分析较好地支撑了全文核心观点。在对普惠金融发展指数测度过程中，诸如流动性金融、三农金融服务点等金融服务形式承担了边远藏区金融服务的主要工作，提升了金融服务的可得性，但是受数据来源限制，本书对藏区普惠金融发展指数的测度并未包含这些因素，从而使得本书的指标测度结果不尽理想。藏区普惠金融测度指标构建有待在今后研究工作中进一步完善。

第三，由于个人文化信仰数据较难获取，本书在研究藏区文化信仰因素与普惠金融发展关系部分，所采用的主要是以县、市、区为单位的地区层面宏观数据，也就是说本文对藏区普惠金融发展研究主要是基于宏观视角，而未从家庭个体的微观视角进行探讨。通过赴藏区实地问卷调研，从微观视角探讨文化信仰因素与普惠金融发展之间的关系将是笔者今后展开研究的另一个重要方向。

参考文献

中文部分

［1］阿地力江·阿布都力．伊斯兰的金融思想［J］．中国宗教，2010（9）．

［2］安七一，杨明洪，兰富钧．特征优惠政策支持下西藏金融发展问题分析［J］．西南民族大学学报，2008（3）．

［3］宝贵贞．中国少数民族宗教［M］．北京：五洲传播出版社，2007．

［4］蔡彤，唐录天，郭亮．以小额信贷为载体发展普惠金融的实践与思考［J］．甘肃金融，2010（10）．

［5］蔡海斌，蔡升芝．西藏新农村建设中的金融改革：阿里个案研究［J］．西南金融，2007（1）．

［6］次旺俊美．西藏宗教与政治、经济、文化的关系［M］．拉萨：西藏人民出版社，2012．

［7］陈冬华，胡晓莉，梁上坤，等．宗教传统与公司治理［J］．经济研究，2013（9）．

［8］陈浩，曾琦云．宗教文化导论［M］．杭州：浙江大学出版社，2006．

［9］陈雨露，马勇．社会信用文化、金融体系结构与金融业组织形式［J］．经济研究，2008（3）．

［10］陈志远．甘南藏区畜牲金融发展趋势及存在的问题［J］．中国金融，2009（16）．

［11］陈锐．对新疆普惠金融发展及实现路径的思考［J］．金融发展评价，2015（11）．

［12］董晓林，徐虹．我国农村金融排斥影响因素的实证分析——基于县域金融机构网点分布的视角［J］．金融研究，2012（9）．

［13］杜晓山．小额信贷的发展与普惠性金融体系框架［J］．中国农村经济，2006（8）．

［14］杜晓山. 普惠性金融体系理念与农村金融改革［J］. 中国农村信用合作，2006（10）.

［15］杜景珍. 当代农村基督教信仰调查［J］. 中国宗教，2004（1）.

［16］段德智. 宗教学［M］. 北京：人民出版社，2010.

［17］方来. 伊斯兰文化视角下的民间金融发展研究——以临夏回族自治州为例［D］. 兰州大学，2014.

［18］龚群. 人生论［M］. 北京：中国人民大学出版社，1991.

［19］韩俊. 建立普惠型的农村金融体系［J］. 中国金融，2009（22）.

［20］何军. 代际差异视角下农民工城市融入的影响因素分析——基于分位数回归方法［J］. 中国农村经济，2011（6）.

［21］何蓉. 佛教寺院经济及其影响初探［J］. 社会学研究，2007（4）.

［22］何兰萍. 从组织的视角考察当前的宗教热［J］. 四川大学学报（哲学社会科学版），2005（2）.

［23］冯璐璐. 宗教与发展的悖论——论伊斯兰与金融全球化的理论文化与现实的冲突［J］. 世界宗教研究，2005（1）.

［24］潘黎，钟春平. 去教堂祷告还是去银行借款？——宗教与金融行为内在关联的微观经验证据［J］. 经济学（季刊），2015（10）.

［25］尕藏加. 藏区宗教文化生态［M］. 北京：社会科学文献出版社，2010.

［26］高梦滔，姚洋. 农户收入差距的微观基础：物质资本还是人力资本？［J］. 经济研究，2006（12）.

［27］郭熙保，孔凡保. 宗教与经济增长：一项研究综述［J］. 国外社会科学，2006（5）.

［28］甘犁，尹志超，贾男，等. 中国家庭金融调查报告·2012［M］. 拉萨：西藏财经大学出版社，2012.

［29］贡秋扎西，张阿兰. 西藏农村金融发展状况研究［J］. 财经科学，2010（8）.

［30］何蓉. 佛教寺院经济及其影响初探［J］. 社会学研究，2007（4）.

［31］何子荣. 论藏传佛教的道德观及其现实意义［J］. 衡水学院学报，2010（4）.

［32］何兴强，史卫，周开国. 背景风险与居民风险金融资产投资［J］. 经济研究，2009（12）.

［33］华热·才华加．藏传佛教伦理观评说［J］．青海师范大学学报，2003（6）．

［34］黄达．21世纪中国金融学教学改革与发展战略［J］．财贸经济，2001（11）．

［35］黄达．将东方文化精粹引入经济学研究［J］．金融博览，2014（1）．

［36］黄文胜．基于伊斯兰文化视角的新疆农村非正规金融发展路径研究［J］．开发研究，2011（6）：58－60．

［37］黄颁文．普惠金融与贫困减缓［M］．北京：中国经济出版社，2014．

［38］焦瑾璞，王爱俭．普惠金融：基本原理与中国实践［M］．北京：中国金融出版社，2015．

［39］焦瑾璞．普惠金融的国际经验［J］．中国金融，2014（10）．

［40］焦瑾璞，黄亭亭，汪天都，等．中国普惠金融发展进程及实证研究［J］．上海金融，2015（4）．

［41］江春，许立成．制度安排、金融发展与社会公平［J］．金融研究，2007（6）．

［42］江春，许立成．金融发展中的制度因素：理论框架与国际经验［J］．财经科学，2007（4）．

［43］江春，许立成．文化、金融发展与经济增长文献综述［J］．经济评价，2009（6）．

［44］蒋霞．藏区农牧民金融服务研究现状：文献综述［J］．西南金融，2011（5）．

［45］蒋霞．中国藏区金融体系发展探讨［J］．民族学刊，2014（6）．

［46］蒋霞．中国藏族地区金融制度研究［M］．北京：经济科学出版社，2015．

［47］吕大吉．宗教学通论新编［M］．北京：中国社会科学出版社，1998．

［48］靳薇．西藏援助与发展［M］．拉萨：西藏人民出版社，2010．

［49］李涛．社会互动、信任与股市参与［J］．经济研究，2006（1）．

［50］李涛，黄纯纯，何兴强，等．什么影响了居民的社会信任水平？——来自广东省的经验证据［J］．经济研究，2008（1）．

［51］李涛，王志芳，王海港，等．中国城市居民的金融受排斥状况研究［J］．经济研究，2010（7）．

［52］李建军，卢盼盼．中国居民金融服务包容性测度与空间差异［J］．经济地理，2016（3）．

［53］李德成．藏传佛教史研究［M］．北京：中国藏学出版社，2014．

［54］李卿．四省藏区金融扶贫调查［J］．青海金融，2014（10）．

［55］李向平，傅敬民．宗教社会学－经典快读［M］．北京：宗教文化出版社，2006．

［56］李琪．金融之光普照西藏—农业银行西藏分行金融服务稳藏兴藏 20 年侧记［J］．中国银行业，2015（9）．

［57］栗本慎一郎．经济人类学［M］．王名，等译．北京：商务印书馆，1997．

［58］刘梅．金融发展理论与民族地区经济发展研究［J］．西南民族学院学报：哲学社会科学版，2003，24（8）．

［59］刘建康．贫弱地区农村金融供给探讨——以四川省甘孜州为例［J］．西南金融，2010（2）．

［60］刘俊哲．四川藏区价值观研究［M］．北京：民族出版社，2005．

［61］刘清平．佛教与基督宗教普爱观之比较——析普世爱人与宗教仇恨的悖论［J］．陕西师范大学学报（哲学社会科学版），2006（1）．

［62］刘欣荣．制约西藏经济发展的宗教思想分析［J］．西藏民族学院学报（哲学社会科学版），2007（1）．

［63］梁景文，罗斯．民间寺庙与中国宗教经济——对宗教经济理论的探讨［J］．陈锐钢，编译．世界宗教文化，2010（2）．

［64］龙健民．元谋县热区经济开发的综合考察［J］．经济问题探索，1988（1）．

［65］卢峰，姚洋．金融压抑下的法治、金融发展和经济增长［J］．中国社会科学，2004（1）．

［66］卢云峰．超越基督宗教社会学［J］．社会学研究，2008，5．

［67］马克斯·韦伯．新教伦理与资本主义精神（中文版）［M］．龙婧，译．合肥：安徽人民出版社，2012．

［68］诺尔曼·布朗．生与死的对抗［M］．冯川，等译．贵阳：贵州人民出版社，1994．

［69］茅于轼．为什么小额信贷必须是高利率的？［J］．农村金融研究，2007（3）．

［70］茅于轼．兴办小额信贷的几点经验［J］．金融经济，2007（9）．

［71］茅于轼．谈小额贷款的文化［J］．农村金融研究，2007（9）．

［72］穆勒．政治经济学原理［M］．金镝，金熠，译．北京：华夏出版社，2013．

［73］翟帅．江苏省普惠金融指数及其影响因素分析［J］．财会月刊，2015（12）．

［74］冉昌光．论宗教对经济的二重性影响［J］．宗教学研究，1998（1）．

[75] 任志军. 民族地区经济发展及金融支持战略研究 [J]. 经济问题探索, 2007 (12).

[76] 人民银行甘孜州中心支行课题组. 金沙江流域基层农村金融需求供给现状分析——以甘孜州巴塘、白玉、德格三县为例 [J]. 西南金融, 2008 (10).

[77] 人民银行阿坝州中心支行课题组. 金融业要大力支持县域经济发展——对阿坝州牧区县域经济金融情况的调查 [J]. 西南金融, 2006 (3).

[78] 人民银行山南地区中心支行课题组. 农牧民专业合作经济组织发展与金融支持协调配合的调查——以西藏山南地区为例 [J]. 西南金融, 2009 (8).

[79] 阮荣平, 王兵. 差序格局下的宗教信仰和信任——基于中国十城市的经验数据 [J]. 社会, 2011 (4).

[80] 阮荣平, 刘力. 中国农村非正式社会保障供给研究——基于宗教社会保障功能的分析 [J]. 管理世界, 2011 (4).

[81] 阮荣平, 郑风田, 刘力. 宗教信仰的选择——一个西方宗教经济学的文献梳理 [J]. 社会, 2013 (4).

[82] 阮荣平, 郑风田, 刘力. 信仰的力量: 宗教有利于创业吗 [J]. 经济研究, 2014 (3).

[83] 阮荣平, 郑风田, 刘力. 宗教信仰对农村社会养老保险参与行为的影响分析 [J]. 中国农村观察, 2015 (1).

[84] 孙向前, 高波. 四省藏区金融精准扶贫路径探究 [J]. 青海金融, 2016 (2).

[85] 孙健灵. 宗教文化与经济发展 [M]. 昆明: 云南大学出版社, 2010.

[86] 释济群, 王芃, 褚汉雨, 等. 宗教的财富观 [J]. 中国宗教, 2001 (5).

[87] 沈开艳, 陈建华, 徐美芳, 等. 西藏经济跨越式发展研究 [M]. 北京: 社会科学文献出版社, 2015.

[88] 帅旭, 杨雪. 西藏特殊优惠金融政策实施效应及启示——基于川藏相邻六县对比的视角 [J]. 西南金融, 2011 (12).

[89] 王军, 姜洪波. 关于藏区金融服务的有效性思考——基于甘孜州白玉县的典型调查 [J]. 西南金融, 2012 (9).

[90] 王伟, 田杰, 李鹏. 我国金融排斥度的空间差异及影响因素分析 [J]. 西南金融, 2011 (3).

[91] 王颖，曾康霖．论普惠：普惠金融的经济伦理本质与史学简析［J］．金融研究，2016（2）．

[92] 王曙光．普惠金融：中国农村金融重建中的制度创新与法律框架［M］．北京：北京大学出版社，2013．

[93] 王士勇．文化生态环境与藏区经济社会发展关系研究［J］．西南民族大学学报，2012（1）．

[94] 王婧，胡国晖．中国普惠金融的发展评价及影响因素分析［J］．金融论坛，2013（6）．

[95] 王修华，何梦，关键．金融包容理论与实践研究进展［J］．经济学动态，2014（11）．

[96] 王路平．试论彝族传统的经济价值观［J］．西南民族大学学报：人文社会科学版，1992（4）．

[97] 吴卫星，齐天翔．流动性、生命周期与投资组合相异性——中国投资者行为调查实证分析［J］．经济研究，2007（2）．

[98] 吴晓灵．建立现代农村金融制度的若干问题［J］．中国金融，2010（10）．

[99] 伍旭川，肖翔．基于全球视角的普惠金融指数研究［J］．南方金融，2014（6）．

[100] 伍艳，黄煦凯．西藏经济发展中的金融抑制问题［J］．西藏及其他藏区经济发展与社会变迁学术研讨会论文集，2006．

[101] 徐敏．农村金融普惠的水平测度及影响因素分析——以新疆为例［J］．开发研究，2012（5）．

[102] 徐珺．从凉山农户小额信贷看国家对西部民族地区农村的金融支持［J］．金融研究，2003（6）．

[103] 星炎．普惠金融的效用与实现：综述及启示［J］．国际金融研究，2015（11）．

[104] 谢雨霜，李可．我国民族地区农村金融普水平及影响因素分析［J］．改革与战略，2015（7）．

[105] 谢升峰，卢娟红．普惠金融发展影响城乡居民福利差异的效应测度［J］．统计与决策，2014（21）．

[106] 邢春冰．分位回归、教育回报率与收入差距［J］．统计研究，2008（5）．

[107] 徐云松．宗教信仰、民族传统与金融发展［J］．重庆工商大学学报（社会科学

版），2015（3）.

［108］亚当·斯密.国民财富的性质和原因的研究（上卷）［M］.郭大力，译.北京：
商务印书馆，1983.

［109］杨淼，路斌.宗教与西藏经济发展关系透视［J］.西藏民族学院学报，2005
（1）.

［110］杨志银.宗教经济的规律性研究［J］.世界宗教研究，2012（5）.

［111］杨利华，朱键.甘肃省藏区银行业金融机构发展情况调查［J］.甘肃金融，2010
（10）.

［112］杨庆堃.中国社会中的宗教［M］.范丽珠，等译.上海：上海人民出版
社，2007.

［113］尹志超，宋全云，吴雨.金融知识、投资经验与家庭资产选择［J］.经济研究，
2014（4）.

［114］尹志超，宋全云，吴雨，等.金融知识、创业决策和创业动机［J］.管理世界，
2015（1）.

［115］尹志超，吴雨，甘犁.金融可得性、金融市场参与和家庭资产选择［J］.经济研
究，2015（3）.

［116］尹刚，张均，宋晓.普惠制金融对民族落后地区农村金融发展的启示——以凉山
州木里藏族自治县为例［J］.西南金融，2009（2）.

［117］曾康霖.试论文化、宗教与金融事业发展［J］.征信，2014（7）.

［118］赵云旗.我国典当业历史回顾：萌芽于东汉 兴起于隋唐［N］.中国网，2008－
03－31.

［119］张毅.我国民族地区金融浅化的微观分析［J］.西南民族大学学报：人文社会科
学版，2010（7）.

［120］张国俊，周春山，许学强.中国金融排斥的差异及影响因素［J］.地理研究，
2014（12）.

［121］张韶华.普惠金融：模型、指标与启示［J］.中国征信，2015（10）.

［122］张剑雄，沈宏益.西藏特色产业发展研究［M］.厦门：厦门大学出版社，2015.

［123］张兴无.西南少数民族财富观念研究［D］.中央民族大学，2009.

［124］张华志.家族企业和许烺光田野点的延伸性研究［J］.广西民族学院学报（哲学

社会科学版），2004（1）.

［125］郑琨. 高原藏区金融助推与服务实体经济发展的调查与思考——阿坝藏族羌族自治州为例［J］. 西南金融，2012（9）.

［126］郑风田，阮荣平，刘力. 风险、社会保障与农村宗教信仰［J］. 经济学（季刊），2010（3）.

［127］郑志刚. 金融发展的决定因素——一个文献综述［J］. 管理世界，2007（3）.

［128］郑志刚. 法律外制度的公司治理角色——一个文献综述［J］. 管理世界，2007（9）.

［129］郑志刚，邓贺斐. 法律环境差异和区域金融发展——金融发展决定因素基于我国省际面板数据的考察［J］. 管理世界，2010（6）.

［130］郑永廷，张艳新. 宗教经济与经济宗教简论–基于宗教意识形态与经济的关系的视域［J］. 学术交流，2009（4）.

［131］郑长德. 中国少数民族地区金融中介发展与经济增长关系研究［J］. 西南民族大学学报，2007（1）.

［132］周兴维. 四川藏区藏传佛教寺院宗教经济思考［J］. 西南民族大学学报，2008（8）.

［133］中国人民银行成都分行课题组. 贫弱地区农村金融制度绩效研究——甘孜州案例分析［J］. 金融研究，2006（9）.

［134］中国人民银行兰州中心支行课题组. 藏区发展中的金融支持模式［J］. 中国金融，2013（18）.

［135］中国人民银行西宁中心支行课题组. 区域包容性金融发展评价指标体系研究［J］. 青海金融，2015（2）.

英文部分

［1］Agnew J R, Szykman L R. Asset allocation and information overload：The influence of information display, asset choice, and investor experience［J］. The Journal of Behavioral Finance, 2005, 6（2）：57–70.

［2］Almeida H, Wolfenzon D. The effect of external finance on the equilibrium allocation of capital［J］. Journal of Financial Economics, 2005, 75（1）：133–164.

［3］Ameriks J, Zeldes S P. How do household portfolio shares vary with age［R］. Working

Paper, Columbia University, 2004.

[4] Anand S K and Chhikara K S. A theoretical and quantitative analysis of financial Inclusion and economic growth [J]. Management and Labour Studies, 2012 (2): 103 – 133.

[5] Arruñada, B.. Protestants and catholics: Similar work ethic, different social ethic [J]. The Economic Journal. 2010, 120 (547): 890 – 918.

[6] Arora R U. Measuring financial access [J]. Griffith University, Discussion Paper in Economics, (7), 2010: 1 – 21.

[7] Azzi C, Ehrenberg R. Household allocation of time and church attendance [J]. The Journal of Political Economy, 1975, 83 (1): 27 – 56.

[8] Barro R J, McCleary R. Religion and economic growth [R]. National Bureau of Economic Research, 2003.

[9] Becker S O, Woessmann L. Was Weber wrong? A human capital theory of Protestant economic history [J]. The Quarterly Journal of Economics, 2009, 124 (2): 531 – 596.

[10] Berman E. Sect, subsidy, and sacrifice: An economist's view of ultra-orthodox Jews [R]. National bureau of economic research, 1998.

[11] Bernheim B D, Garrett D M. The effects of financial education in the workplace: Evidence from a survey of households [J]. Journal of public Economics, 2003, 87 (7): 1487 – 1519.

[12] Blum U, Dudley L. Religion and economic growth: Was Weber right? [J]. Journal of Evolutionary Economics, 2001, 11 (2): 207 – 230.

[13] Chakravarty S R, Pal R. Measuring financial inclusion: An Axiomatic approach [J]. Indira Gandhi Institute of Development Research, Mumbai Working Papers, 2010.

[14] Christiansen C, Rangvid J, Joensen J S. Fiction or fact: Systematic gender differences in financial investments? [C]. EFA 2007 Ljubljana Meetings Paper, 2010.

[15] Chiswick B R. The earnings and human capital of American Jews [J]. Journal of Human Resources, 1983, 18 (3): 313 – 336.

[16] Coffee J C. Do norms matter? A cross-country evaluation [J]. University of Pennsylvania Law Review, 2001, 149 (6): 2151 – 2177.

[17] Collins R. Weberian sociological theory [M]. London: Cambridge University Press,

参考文献

1986.

[18] Conroy S J, Emerson T L N. Business ethics and religion: Religiosity as a predictor of ethical awareness among students [J]. Journal of business ethics, 2004, 50 (4): 383 -396.

[19] Chen D L. Club goods and group identity: Evidence from Islamic resurgence during the Indonesian financial crisis [J]. Journal of Political Economy, 2010, 118 (2): 300 - 354.

[20] Chen H, Volpe R P. An analysis of personal financial literacy among college students [J]. Financial services review, 1998, 7 (2): 107 - 128.

[21] Demirguc-Kunt A, Levine R. Financial Structure and Economic Growth: A Cross—Country Comparison of Banks, Markets and Development [M]. MA: MIT Press, 2001.

[22] Devlin J F. A detailed study of financial exclusion in the UK [J]. Journal of Consumer Policy, 2005, 28 (1): 75 - 108.

[23] Dohmen T, Falk A, Huffman D, et al. Individual risk attitudes: Measurement, determinants, and behavioral consequences [J]. Journal of the European Economic Association, 2011, 9 (3): 522 - 550.

[24] Dupas P, Robinson J. Savings constraints and microenterprise development: Evidence from a field experiment in Kenya [J]. American Economic Journal: Applied Economics, 2013, 5 (1): 163 - 192.

[25] Ellison C G. Religious involvement and subjective well-being [J]. Journal of Health and Social Behavior, 1991, 32 (1): 80 - 99.

[26] Friedman E, Johnson S, Mitton T. Propping and tunneling [J]. Journal of Comparative Economics, 2003, 31 (4): 732 - 750.

[27] Financial Services Authority (FSA), In or Out? Financial Exclusion: A Literature and Research Review [R]. London, FSA, 2000, Consumer Research Paper3.

[28] Freeman R B. Who escapes? The relation of churchgoing and other background factors to the socioeconomic performance of black male youths from inner-city poverty tracts [J]. Ideas Help Page, 1986: 353 - 376.

[29] Guiso L, Sapienza P, Zingales L. Does Local Financial Development Matter? [J]. NBER

Working Paper, 2002 (8922).

[30] Guiso L, Sapienza P, Zingales L. People's opium? Religion and economic attitudes [J]. Journal of Monetary Economics, 2003, 50 (1): 225 – 282.

[31] Guiso L, Sapienza P, Zingales L. Trusting the stock market [J]. The Journal of Finance, 2008, 63 (6): 2557 – 2600.

[32] Guiso L, Paiella M. Risk aversion, wealth, and background risk [J]. Journal of the European Economic association, 2008, 6 (6): 1109 – 1150.

[33] Gupte R, Venkataramani B, Gupta D. Computation of financial inclusion index for India [J]. Procedia-Social and Behavioral Sciences, 2012 (37): 133 – 149.

[34] Hadiwinata B S. The politics of NGOs in Indonesia: Developing democracy and managing a movement [M]. Routledge, 2003.

[35] Hannig A, Jansen S. Financial Inclusion and Financial Stability: Current Policy Issues [R]. Tokyo: ADBI (Asian Development Bank Institute) .2010.

[36] Harrison T S. Mapping customer segments for personal financial services [J]. International-al Journal of Bank Marketing, 1994, 12 (8): 17 – 25.

[37] Helms B. Access for all: Building inclusive financial systems [J]. Washington, DC, C-GAP, 2006.

[38] Herger N, Hodler R, Lobsiger M. What determines financial development? Culture, institutions or trade [J]. Review of World Economics, 2008, 144 (3): 558 – 587.

[39] Homans G C. Anxiety and Ritual: The Theories of Malinowski and Radcliffe-Brown [J]. American Anthropologist, 1941, 43 (2): 164 – 172.

[40] Honohan P. Household financial assets in the process of development [J]. World Bank policy research Working paper, 2006 (3965).

[41] Iannaccone L R. Introduction to the Economics of Religion [J]. Journal of Economic Literature, 1998, 36 (3): 1465 – 1495.

[42] Ivatury G, Mas I. The early experience with branchless banking [J]. CGAP Focus Note, 2008 (46).

[43] Ivatury G, Lyman T, Staschen S. Use of agents in branchless banking for the poor: Rewards, risks and regulation [J]. Focus Note, 2006 (10): 89 – 95.

[44] Karlan D, Zinman J. Expanding credit access: Using randomized supply decisions to esti-
mate the impacts [J]. Review of Financial Studies, 2010 (1): 433 –464

[45] La Porta, Rafael, Florencio Lopez-de-Silanes, Andrei Shleifer, and Robert W. Vishny.
legal determinants of external finance [J]. Journal of Finance, 1997, 52 (3): 1131 –
1150

[46] La Porta, Rafael, Florencio Lopez-de-Silanes, Andrei Shleifer, Robert W. Vishny. Law
and finance [J], Journal of Political Economy, 1998, 106 (6): 1113 –1155.

[47] La Porta, Rafael, Florencio Lopez-de-silanes, Andrei Shleifer, Robert W. Vishny. In-
vestor protection and corporate governance [J]. Journal of Financial Economics, 2000
(58): 3 –27.

[48] La Porta, Rafael, Florencio Lopez-de-silanes, Andrei Shleifer, Robert W. Vishny. In-
vestor protection and corporate valuation [J]. The Journal of Finance, 2002: 1147 –
1170.

[49] Landau D. Piety and power: The world of Jewish fundamentalism [M]. Harvill
Secker, 1993.

[50] Lelkes O. Tasting freedom: Happiness, religion and economic transition [J]. Journal of
Economic Behavior & Organization, 2006, 59 (2): 173 –194.

[51] Liu Z. The economic impact and determinants of investment in human and political capital
in China [J]. Economic Development and Cultural Change, 2003, 51 (4): 823 –
849.

[52] Lusardi A, Mitchell O S. Financial literacy and retirement planning: New evidence from
the Rand American Life Panel [J]. Michigan Retirement Research Center Research Pa-
per No. WP, 2007, 157.

[53] Marty M E, Appleby R S. The fundamentalism project. 5 vols [J]. Chicago: U of Chi-
cago P, 1991, 95.

[54] Mandira Sarma. Index of Financial Inclusion [J] . ICRIER Working Paper No. 215,
2008.

[55] McCleary R M, Barro R J. Religion and economy [J]. The Journal of Economic Per-
spectives, 2006, 20 (2): 49 –72.

[56] McCleary R M. Salvation, damnation, and economic incentives [J]. Journal of Contemporary Religion, 2007, 22 (1): 49 –74.

[57] McKinnon R I. Money and capital in economic development [M]. Brookings Institution Press, 2010.

[58] Miller A S, Hoffmann J P. Risk and religion: An explanation of gender differences in religiosity [J]. Journal for the Scientific Study of Religion, 1995: 63 –75.

[59] Moran E F. Transforming societies, transforming anthropology [M]. American Mathematical Soc. , 1996.

[60] McGuire S T, Omer T C, Sharp N Y. The impact of religion on financial reporting irregularities [J]. The Accounting Review, 2011, 87 (2): 645 –673.

[61] Porter M E. The competitive advantage of the inner city [J]. Harvard Business Review, 1995, 73 (3): 55 –71.

[62] Riahi-Belkaoui A. Law, religiosity and earnings opacity internationally [J]. International Journal of Accounting, Auditing and Performance Evaluation, 2004, 1 (4): 493 – 502.

[63] Ramakrishnan Dr. BFSI: Best Practices in Financial Inclusion [J]. Available at: http: //ssrn. com/abstract = 1751020, March 19, 2010.

[64] Renneboog L, Spaenjers C. Religion, economic attitudes, and household finance [J]. Oxford Economic Papers, 2012, 64 (1): 103 –127.

[65] Sarath Chandran B P, Manju T K. Financial inclusion strategies for inclusive growth in India [J]. Munich Personal RePEc Archive Paper No. 33569, 2010.

[66] Schaltegger C A, Torgler B. Was Weber wrong? A human capital theory of protestant economic history: A comment on Becker and Woessmann [R]. School of Economics and Finance, Queensland University of Technology, 2009 (6).

[67] Schiller A. An "old" religion in "new order" Indonesia: Notes on ethnicity and religious affiliation [J]. Sociology of religion, 1996, 57 (4): 409 –417.

[68] Schumpeter J. The theory of economic development [M]. Harvard University Press, Cambridge, MA. 1911.

[69] Stark R, Finke R. Catholic religious vocations: Decline and revival [J]. Review of Re-

ligious Research, 2000: 125 - 145.

[70] Stark R, Finke R. Acts of faith: Explaining the human side of religion [M]. Univ of California Press, 2000.

[71] Stulz R M, Williamson R. Culture, openness, and finance [J]. Journal of Financial Economics, 2003, 70 (3): 313 - 349.

[72] Van Rooij M, Lusardi A, Alessie R. Financial literacy and stock market participation [J]. Journal of Financial Economics, 2011, 101 (2): 449 - 472.

[73] Vissing-Jorgensen A. Towards an explanation of household portfolio choice heterogeneity: Nonfinancial income and participation cost structures [R]. National Bureau of Economic Research, 2002.

[74] Weaver G R, Agle B R. Religiosity and ethical behavior in organizations: A symbolic interactionist perspective [J]. Academy of management review, 2002, 27 (1): 77 - 97.

[75] Yinger J M. Religion in the struggle for power: A study in the sociology of religion [M]. Duke University Press, 1946.

后　记

　　本书是在我的博士论文基础上修改而来的，书稿初成，想着提笔写点什么，但总感觉无从下手，唯想到"感谢"二字。感谢我的导师李建军教授，导师的为人处事、渊博的学识、严谨的治学态度、务实的工作作风无不给我留下深刻的印象，是我今后工作学习的榜样。博士四年，感谢老师对我学习的关心与照顾，感谢老师在我博士选题与写作过程中给予的指导与帮助，帮我指明了今后继续研究的方向，我将终身受益。感谢副导师方意老师，方老师年轻有为、思想活跃，虽然由于本人个人能力所限，无法达到方老师要求的高度，但博士论文写作期间，方老师总是能在我最迷惘和彷徨的时候给我以引导。

　　感谢中央财经大学、金融学院及各位老师给我提供了优越的学习条件与良好的学习氛围。感谢各位老师、专家在我的学习研究、论文开题、修改完善、预答辩以及最终答辩过程中，提出的指导性意见，他们严谨的治学态度和发散的思维让我受益匪浅。感谢学院办公室老师的辛苦付出，保障了我们学业的顺利完成。

　　感谢我的父母，是你们的无私奉献，才让我有时间全身心地投入论文写作之中，博士论文的顺利完成，有你们的最大功劳。感谢我的女儿，谢谢你的乖巧懂事。感谢先生庞洪伟在我论文写作期间给予的支持与帮助，对我论文实证工作的完成做出了重要贡献。

　　感谢我的同门师兄师姐师弟师妹在学习期间对我的帮助与照顾，你们让我看到了我与大家的差距，也让我学到了唯有努力才能得到进步。你们良好的学习氛围以及努力认真的学习态度，是我今后仍需继续学习发扬的。

感谢所有有缘与我相识的人，谢谢你们让我有如此美好的经历！

巩艳红

2017 年 9 月 25 日